uitlegmoeder

Omslagontwerp: Studio Lannoo
Vormgeving binnenwerk: Keppie & Keppie
Auteursfoto: Allard Willemse

1e druk (2016)
Eerste druk uitgegeven bij Uitgeverij Lannoo

2e druk herzien (2024)
© Humm Publishing
ISBN 9789083422152
NUR 854/320

Omwille van de privacy zijn de namen die in dit boek genoemd worden verzonnen. Verder is alles echt, en echt gebeurd.

INHOUD

LEZEN

'Mijn moeder helpt ouders om met hun kinderen om te leren gaan en ze leert ze over autisme', hoorde ik mijn oudste tegen een vriendinnetje zeggen toen ze een jaar of twaalf was. 'Ze heeft ook een boek over mij geschreven!' zegt ze trots (of is het om te imponeren?). Het klasgenootje kijkt ongelovig en vraagt of ze het boek mag zien. 'Nee, het is voor grote mensen, zegt mijn moeder, dus ik heb het niet. Ik mag het lezen als ik later groot ben.' Mooi hoe ze dat uitlegt. Dat ze nog niet helemaal snapt dat ouderbegeleiding vooral over het proces van ouders gaat, ach, dat is haar vergeven. Dat is precies de reden dat ik haar nog te jong vind om IJskastmoeder te lezen. Regelmatig haal ik wel herinneringen op, vertel ik anekdotes van 'vroeger' die ook in het boek terechtgekomen zijn. Dat ik geen 82 mocht rijden waar 80 stond, over hoe bang ze was voor van alles en nog wat en zichzelf 'bangelaar' noemde, die keer dat slaappop kwijt was en dat we hem terugvonden in de jaszak van papa of toen we samen op de fiets het spoor over moesten en de spoorbomen dichtgingen en hoe lief haar zusje toen voor haar was. Beetje bij beetje schrijven we zo samen onze familiegeschiedenis, gaan die verhalen erbij horen. In haar tempo. Tevreden kijken we achterom en zien wat er allemaal overwonnen is. Voorzichtig sluiten we vrede met de rafelranden die blijven, de moeilijke hobbels, de klippen die we moeten zien te omzeilen. Zo zoeken we samen onze weg.

Afgelopen zomer heeft ze het boek gelezen. Dat vond ik opeens toch wel heel spannend. Ik had me voorgesteld hoe ik het haar plechtig zou overhandigen en hoe we er samen doorheen zouden gaan. Maar zo ging het niet. Ze vond het boek bij haar peetoom in de kast, las het deels daar en vroeg bij thuiskomst of ze het verder mocht lezen. Voordat ik het wist had ze een exemplaar in haar handen (niet de speciale eerste druk die ik bewaard had, snif) en ging ermee naar boven, naar haar kamer. 'Uit!' zegt ze een dag later, zonder enige sjoege te geven hoe ze het vond. Zal ik ernaar vragen? Haar laten? Heeft ze tijd nodig? Ik heb geen idee. 'Wat vond je ervan?' vraag ik dan toch maar. 'Ja, leuk!' zegt ze. 'Leuk?' 'Ja, dat er gewoon een heel boek over mij is geschreven. Dat is toch gaaf. Wie heeft dat nou? Ik heb niet alles gelezen, hoor. De stukjes over mijn zus en zo die heb ik overgeslagen, die gaan niet over mij.' Tja, zo kun je er ook naar kijken, natuurlijk. Ik maak het weer eens veel te ingewikkeld, zo blijkt. Plots betrekt haar gezicht. 'Ik heb wel heel erg moeten huilen bij sommige stukjes.' Ze gaat op de verste rand van de bank zitten en begint meteen enorm te snikken. 'Ach gossie, meisje toch, kom eens hier', zeg ik en spreid mijn armen voor haar. Ze komt onmiddellijk. 'Het spijt me dat ik het jullie vroeger zo moeilijk heb gemaakt', huilt ze hartverscheurend. Mijn hart breekt. 'Dat hoeft niet lieverd', zeg ik en ik weet niet waar ik moet beginnen om haar gerust te stellen. 'Het is toch verschrikkelijk als je een baby'tje hebt dat niet wil knuffelen? Dat is toch vreselijk voor een moeder? Het spijt me zo!' 'Jij was mijn eerste, dus ik wist niet wat gewoon was. Ik vond het wel heel jammer, dat klopt. Maar hé, dat hebben we later ruimschoots ingehaald, toch? Hoeveel tieners komen er nog bij hun moeder op schoot? Daar trekken wij ons mooi niks van aan, dus ik haal mijn knuffels met jou gewoon nú in.' Een glimlach breekt door haar tranen heen. 'Ja,' zegt ze en het komt uit haar tenen, 'ik blijf nog heel lang met jou knuffelen!' Ze klemt me bijna plat. Dan zegt ze: 'Wanneer komt er een vervolg?'

KNIPOOG

'Mama, hoe komt het dat je helemaal warm kan worden als een jongen naar je knipoogt?' Wat een heerlijke vraag... Mijn jongste is bloedserieus en ik begrijp wel waarom. Ze zit sinds kort op een andere school en is helemaal hoteldebotel van een van haar nieuwe klasgenoten. 'Nou moet je niet overdrijven, dat gebeurt alleen in sprookjes, in het echt komt dat helemaal niet voor. Je mag niet jokken!' dondert de oudste eroverheen. 'Nou-hou, ik jok niet! Het is wél echt waar! Als Quinten naar me knipoogt, dan voel ik me echt helemaal warm worden, dat lieg ik niet.' 'Ach, ik geloof er niks van. Dat heb ik nog nooit meegemaakt. Volgens mij kan dat helemaal niet.'

'Als je zus dat zo voelt, dan is het waar', snoer ik haar de mond. We zitten in de auto onderweg naar school. Terwijl ik met de jongste, die gezellig voorin zit, een boom opzet over de wonderen van het leven en de liefde in het bijzonder, mokt de oudste nog een tijdje door op de achterbank. Dan zegt ze plots: 'En trouwens, hoe weet je dat ie knipoogt? Misschien had ie gewoon iets in zijn oog en moest ie daarom knipperen!' Haar triomfantelijke blik spreekt boekdelen. Haar maak je niets wijs over de liefde, ze weet wel beter.

OORBELLEN

'Mama, mag ik oorbellen?' De eerste keer dat ze me dat vraagt, is ze amper vijf jaar oud. Iets weerhoudt me meteen antwoord te geven. Als ze door blijft vragen, krijg ik er tot mijn frustratie niet goed de vinger achter waarom ik daar zo over aarzel. Ik zie het niet zitten, dat is het grote gevoel dat overheerst. Maar de vraag blijft terugkeren. Zo gaat dat. Zo lang het in haar hoofd zit en ik geen kloppend antwoord heb gegeven, boomerangt ze onvermoeibaar door. 'Als je veertien bent mag je oorbellen', schuif ik het probleem op de lange baan. 'Papa heeft gezegd als ik twaalf ben!' Hm, waren we het zonder overleg toch tamelijk eens met elkaar.

'Mama, mag ik oorbellen? Sandra heeft ze, Anke krijgt ze binnenkort, waarom mag ik dat nou niet?' Zeven is ze, bijna acht, en het regent gaatjes om haar heen. Het is niet dat ik het ordinair vind, of dat ik mijn kind 'heel' wil houden. Dat ik zelf pas gaatjes mocht toen ik veertien was, speelt ook niet mee, maar wat is het dan, dat ik er als een berg tegenop zie? En is dat reden genoeg om het haar te ontzeggen? Ik herhaal maar weer eens dat ze eerst veertien moet worden. 'Papa heeft gezegd als ik twaalf ben!' Hm, wat heeft dat kind toch een geheugen als een olifant.

'Mama, ik wil zoooooow graag oorbellen, mag het, *please?*' Jaja, tien is ze en ze houdt maar vol. Dacht ik eerst dat de tijd zijn werk zou doen, inmiddels weet ik beter. Maar stilaan weet ik ook waarom ik er nog niet aan ga beginnen. Een meisje dat zo panisch is voor alles wat er met haar lijf gebeurt, dat wordt een drama bij de juwelier. Prikkende sterilon, dagelijkse hygiëne, gedoe als er een achterkantje kwijt raakt – we leveren al strijd genoeg, deze hoef ik er niet ook nog bij. 'Zeuren helpt niet lieve schat. Als je nog steeds oorbellen wilt als je veertien bent, dan mag het.' 'Papa heeft gezegd als ik twaalf ben!' pruttelt ze voorspelbaar tegen. 'Nou goed, als je twaalf bent', zeg ik om er vanaf te zijn. Hopelijk heeft ze tegen die tijd moed genoeg ontwikkeld.

'O, mama, wat lief! Mag het echt als ik twaalf ben? Dit is de gelukkigste dag van mijn leven!' en juichend loopt ze naar boven om het nieuws aan haar zus te gaan vertellen. Soms is het zo gemakkelijk om een lieve moeder te zijn…

VRIENDJE

'Invullen, invullen, invullen!' scanderen ze eendrachtig. Onder het toeziend oog van twee nieuwsgierige meiden zet Xander zich aan het beantwoorden van de vragen in het vriendenboekje van mijn oudste dochter. Twee handen op één buik, die uitdrukking lijkt te zijn uitgevonden voor de symbiotische relatie tussen mijn oudste en haar vakantievriendin Ashley. Blond en bruin, twee even grote monden met kleine hartjes en een tomeloze energie. Je hoort ze van verre aankomen op de camping. Nee, saai wordt het niet met die twee. Wel is er één kwestie die de dames parten speelt en dat is dat de vriendin geen vriendje heeft, terwijl mijn dochter al anderhalf jaar 'verkering' heeft met een blonde Fries van een stacaravan alhier.

Naam, adres, woonplaats, lievelingsboek, lievelingsfilm en dan dé vraag aller vragen: Ik droom van... Xander kijkt schalks naar links en naar rechts en vult dan 'Ashley' in. 'Weet je wel wat dat betekent?!' roept mijn meisje uit. 'Dan ben je verliefd op haar!' 'O echt,' zegt Xander, 'kom je er ook achter?' Ashley weet niet waar ze kijken moet en stuitert op en neer van blijdschap. Mijn dochter heeft niets in de gaten. 'Gekkie! Als je bij "Ik droom van" een naam invult, dan ben je verliefd. Dus dan moet je daar geen Ashley invullen. Of ben je verliefd op haar?' Xander gaat onverstoorbaar verder met het invullen van het vriendenboekje. 'Hé, wat doe je nou? Waarom laat je daar nou Ashley staan? Dan denkt ze dat je verliefd op haar bent.'

Onder mijn ogen bloeit een prille liefde op, heerlijk om er getuige van te zijn. 'Misschien is ie wel echt verliefd op haar', help ik mijn dochter een stukje op weg. 'O echt? Waarom denk je dat? Is dat zo Xander? Hoor je dat Ashley? Vraag 'm verkering!' De kinderen houden wijselijk hun mond, maar mijn dochter heeft het niet meer. 'Toe dan, vraag 'm dan verkering, dat wil je toch zo graag?!' Ashley schudt haar hoofd. 'Hoezo wil je dat niet, je zei tegen mij dat je verliefd op hem was en verkering wilde.'

 Met moeite houd ik mijn lachen in. 'Hé meisjelief, misschien moesten wij met zijn tweetjes maar 's even een boterham eten.' 'Nee, ik heb geen honger', zegt ze doodleuk. 'Ik bedoel, laten wij samen een boterham eten en dan kunnen Xander en Ashley even wat voor zichzelf doen.' 'Nee, dat wil ik helemaal niet, ik wil gewoon bij hen blijven.' Zucht. Ik probeer mijn dochter in haar waarde te laten en weet dat subtiliteit niet haar sterkste kant is, maar hoe maak ik dan duidelijk dat ze die twee even gelegenheid moet geven om samen te zijn? Zwaar theatraal klem ik mijn kaken op elkaar en brom: 'Kom, wij eten – met zijn tweetjes – samen dus een boterham en sturen die twee daar even weg.' 'Ik heb geen honger', zegt ze terug, ook met haar kaken op elkaar.

'Kom eens even hier', zeg ik ten langen leste en fluister haar expliciet de reden in het oor waarom ik met haar wil lunchen. 'Ooooo, zeg dat dan. Doei, gaan jullie maar, dan zie ik jullie zo. Maar hé, Ash, als ie "ja" zegt, gil je dan even?'

SELECTIETEAM

'Wanneer denk je dat ik in een selectieteam mag?' Haar armen en benen zwiepen alle kanten op terwijl ze dansend voor me staat. Sinds ze vijfenhalf was en voor het eerst de wedstrijdteams van haar dansschool zag optreden, is het haar grote droom om daar bij te horen. 'Denk je dat ik na de zomervakantie in een selectieteam mag? Wanneer hoor ik dat dan?' Strak in de maat gaat ze door met het oefenen van de nieuw aangeleerde passen. Ingespannen telt ze telkens weer tot acht, als een metronoom. Ze mist geen enkele beat, vertraagt niet, versnelt niet. Elke vezel in haar lijf danst mee, behalve haar gezicht. Ook haar ogen doen niet mee. Eerst kon ik nog zeggen dat ze te jong was, maar nu heeft ze de leeftijd dat het in theorie zou kunnen. Ze danst van 's morgens vroeg tot 's avonds laat en als ze niet danst, zoekt ze muziek uit waarop ze kan dansen. Ik zou het haar zo gunnen…

Ik herinner me als de dag van gister hoe ze haar eerste optreden had op het enorme podium van de theaterzaal in de nabijgelegen stad. Bijna zes was ze. De selectieteams deden ook mee aan de show, dus ze was helemaal blij. En doodsbenauwd tegelijkertijd. 'Mama, hoe vind ik daar de weg achter het podium? Als ik nou de kleedkamer niet meer kan vinden? En als ik nou niet weet waar ik naar toe moet? Maar als ik dan mijn juf niet meer herken? Mogen de moeders echt niet mee naar de kleedkamer? Hoe vind ik jou dan weer terug als het is afgelopen? Hoe weet ik nou dat jij echt in de zaal zit?' De wil om op te treden was groter dan de angst, dus daar ging ze. Aan de hand van een liefdevolle dansjuf die mij beloofde mijn dochter wat extra in de gaten te houden en haar precies uit te leggen wat er allemaal ging gebeuren.

Het zaallicht doofde, spannende muziek zwol aan om dan plots keihard door de zaal te knallen, terwijl het podium overspoeld werd door knipperende kleurige lichten. Mijn hart ging als een razende tekeer, ik hoopte dat mijn meisje dat allemaal aankon. Misschien scheelde het dat ze straks óp het podium zou staan en er iets te doen had. Dat gaf wellicht houvast. Maar ze was ook nog nooit tot zo laat 's avonds opgebleven en zou de dansjuf in de gaten hebben dat... De ene na de andere gedachte spookte door mijn hoofd en ik kon alleen maar wachten tot mijn meisje aan de beurt was. Het duurde eindeloos. Tot de voorlaatste groep voor de pauze. Vijf piepkleine meisjes liepen aarzelend het podium op. De andere groepen waren met veel meer, maar deze was nog maar net gestart, vandaar dat ze met zo weinig waren.

'Waar moeten we heen?' zei de lichaamstaal van vier poppetjes. Hierheen, gebaarde nummer vijf. Ze beende zelfverzekerd naar voren, zoals ze tijdens de generale hadden geoefend. Mijn hart sprong op. Het was mijn oudste! Ze bleek de kapitein op het schip, die de anderen trefzeker door de choreografie loodste. Haar blik weliswaar naar beneden gericht en haar lijfje boordevol spanning, maar hé, ze flikte het toch maar mooi.

'Mama, wanneer mag ik in een selectieteam? Denk je dat ik dit jaar in een selectieteam mag? Mama, wanneer hoor ik dat dan? Ik wil zó graag in een selectieteam. Denk je dat het nu wel mag?' De jaarlijks terugkerende riedel na de zomervakantie. Ze danst de benen onder haar lijf vandaan. Ritmisch retestrak, met een ijzersterk geheugen voor choreografieën, maar – en hoe vertel ik haar dat – het blijft wat 'bonkig' en uitstraling is een niet onbelangrijke factor voor een wedstrijdteam. Of ze dat ooit aan kan leren, is de vraag. Op initiatief van de dansjuffen danst ze sinds een jaar in een oudere leeftijdsgroep. Blijkbaar zien ze wel dat ze meer uitdaging nodig heeft. En tijdens de laatste grote show heeft ze haar beste beentje voorgezet en stond ze er verrassend stralend bij. Wie weet is er een klein kansje... 'Ik weet het niet meis, daar gaat Barbara over. Als er plaatsen vrij zijn, overlegt zij met de dansjuffen wie er auditie mag komen doen. Afwachten dus.' Maar ja, afwachten, dat is nou net niet aan mijn oudste besteed. Een dag later vraagt ze: 'Mama, weet je nou al wanneer Barbara de audities gaat doen? Wanneer hoor ik nou iets denk je? Wéét Barbara wel dat ik graag in een selectieteam wil?' Onwillekeurig barst ik in lachen uit. 'Dat kan haar niet ontgaan zijn, lieve schat, dat roep je al vanaf het begin.' Heel de dansschool kent mijn oudste en weet dat ze droomt van een selectieteam. 'Geloof me maar, als ze een plaatsje heeft dat geschikt is voor jou, denkt ze echt wel aan je.' 'Hoe bedoel je, geschikt voor jou?' zegt ze hoogst verontwaardigd. 'Nou,' formuleer ik voorzichtig, 'ik denk dat stoer-dansen beter bij jou past dan showdance. Het jongste selectieteam doet alleen maar showdance en ik denk niet dat je daar snel voor gevraagd wordt.' 'Je bedoelt streetdance, niet stoer-dansen. De kinderen in die teams zijn allemaal veel ouder. Dat duurt nog járen! Dat vind ik niet eerlijk! Wanneer krijg ik dan een kans? Ik vind showdance ook best leuk, hoor.'

Wat zou het geweldig zijn als ze met haar grote liefde voor dans iets constructiefs zou kunnen doen. Wie weet kan ze later wel dansjuf worden, of is dat hopen tegen beter weten in? Aan motivatie en doorzettingsvermogen ontbreekt het haar niet. Misschien toch maar 's voorzichtig een balletje opwerpen bij Barbara en hopen dat ik dan niet als pushende ouder overkom.

BLOEM

'Mama, mag ik morgen met Bloem mee naar huis? Vera komt ook en dan gaan we voorbereiden voor de club.' Voordat ik mijn jongste antwoord kan geven, blaft de oudste: 'Bloem, wat is dat nou voor naam? Weet je zeker dat ze zo heet? Dat kan toch niet, zo heet toch niemand!' 'Ze heet wel Bloem, en het is wel een gewone naam, wat weet jij daar nou van. Ik speel toch zeker met haar, dus ik weet het 't beste. En ze is mijn vriendin, dus hou op haar te beledigen.' Het is mooi om te zien hoe de jongste haar eigen omgeving maakt sinds ze op een andere school dan haar grote zus zit. Ze groeit ervan, wordt steviger en geeft vaker weerwoord, al gaat dat nog met veel gekrijs gepaard. Daarmee wordt het niet gemakkelijker in huis, maar het is wel beter voor haar ontwikkeling. Hoop ik. 'Nou, ik ken niemand die Bloem heet,' gaat de oudste nog even door, 'dus ik denk toch echt dat je het verkeerd verstaan hebt. En ik beledig haar niet, want ze is hier helemaal niet. Dat jij vriendinnen wil zijn met iemand die Bloem heet...' Ze trekt haar neus op, haar gezicht spreekt boekdelen.

'Bloem is een naam, echt waar', sus ik de boel voordat het verder uit de hand loopt. 'Niet zo boos doen tegen je zus, het is juist fijn dat ze al meteen vriendinnen heeft gemaakt op haar nieuwe school.' Sinds haar zusje naar een andere school is gegaan, heeft ze geen grip meer op die leefwereld en dat is onverdraaglijk. Ze kan zich niets voorstellen bij de namen die over tafel gaan, op de nieuwe school werken ze heel anders dan op de antroposofische vrije school, ze vieren andere feesten en tot overmaat van ramp zitten zes-, zeven- en achtjarigen bij elkaar in één klas. Zij zou het niet in haar hoofd halen met een kind uit een andere klas te spelen, maar daar loopt dat allemaal door elkaar heen. Wat een chaos.

'Wel gek hè, dat jij ze helemaal niet kent. Op de vrije school speelde je zus vooral met broertjes en zusjes van kinderen die weer bij jou in de klas zaten, die kende je meestal wel. Of je leerde ze kennen op het plein.

Maar nu kun je je er helemaal niks bij voorstellen. Ga er maar van uit dat het klopt wat je zus vertelt. Misschien vind je het leuk om haar een keer mee naar school te brengen, als jij bijvoorbeeld een keer vrij bent vanwege een studiedag. Kun je kijken hoe het er daar uitziet en wie er allemaal rondlopen.'

Stom dat ik daar niet eerder aan gedacht heb. Gaan we regelen.

MEESTER

Via via hoor ik dat ze op school de meester innig omarmt. Meerdere keren per dag, en langer dan gepast. Want ja, wat gepast is, is voor haar niet vanzelfsprekend. Eigenlijk zou de meester daarin zijn verantwoordelijkheid moeten nemen, vind ik. Maar hij ziet het zelf waarschijnlijk als warme blijk van vertrouwen en aanhankelijkheid. Ik vind het moeilijk om hem aan te spreken sinds hij heeft uitgesproken te twijfelen aan de diagnose van onze oudste. Hij zal haar niks aandoen, daar ben ik niet bang voor, maar mijn meisje is daarin wel kwetsbaar.

's Avonds bij het naar bed brengen zoek ik naar een opening. 'Ik hoorde dat jij de meester zo graag knuffelt.' 'Oh jaaaa,' zegt ze met een verzaligde zucht, 'hij is zooo lief.' 'Fijn dat je het zo goed met hem kunt vinden, maar...' Ze laat me mijn zin niet afmaken en giechelt als een verliefde tiener: 'Hij vindt mij ook heel erg lief. Dat heeft ie zelf gezegd. Toen ik zat te kletsen, zei ie: "Als je nou niet stil bent, dan maak ik het uit."' En snel voegt ze er geruststellend aan toe: 'Dat was maar een grapje hoor, dat doet ie niet echt!'

Ik weet even niet wat ik moet zeggen. 'Weet je, lieve schat, eigenlijk hoort het niet om volwassenen zo uitgebreid te knuffelen.' 'Maar hij vindt het helemaal niet erg, hoor.' 'Toch hoort het niet.' 'Maar dat vind ik niet leuk! Ik wil hem gewoon lekker knuffelen, want hij is de allerliefste meester van de hele wereld.' En de enige stabiele factor in deze maanden waarin er geen vaste leerkracht voor haar klas is, denk ik erachteraan. Al vóór de herfstvakantie is de duobaan op de klippen gelopen en staat de helft van de tijd de ene na de andere vervanger voor de klas. Ik begrijp het wel, maar ze zal toch moeten leren om haar genegenheid en dankbaarheid op een andere manier te uiten.

'Je mag meester ook wel aardig vinden, maar je kunt hem bijvoorbeeld een hand geven als je blij bent om hem te zien. Of iets moois voor hem maken, zoals je dat ook voor juffie deed. Misschien moeten we er een regel van maken. Dan is het duidelijker. Niet knuffelen met volwassenen.' 'Ja, dat is wel duidelijk. Ik vind het niet leuk, maar dat moet dan maar.' Ze is even stil. Dan barst ze in tranen uit. 'Maar dan mag ik jullie ook nooit meer knuffelen, dat wil ik niet.' Och gossie. 'Behalve papa en mama, en oma's en opa's – daar mag je zoveel mee kroelen als je maar wilt.' Gelukkig is het dan weer goed.

VOORLICHTING

'Mama, kom je nog even bij me liggen, ik wil met je praten.' Zo'n expliciete uitnodiging krijg ik zelden, dus ik grijp de gelegenheid met beide handen aan. 'Doe de deur maar even dicht, ik wil je onder vier ogen spreken.' O, dat klinkt ernstig, ik ben benieuwd waar ze mee komt. Ik klim in haar hoge bed, sommeer haar plaats voor me te maken en verwachtingsvol vlei ik me naast haar neer. 'Mam, wat ik je vragen wilde. Het is misschien een beetje gek, maar ik wil dat echt heel erg graag weten: hoe moet je zoenen?' Ze bedoelt waarschijnlijk geen kus op de wang. Kleine meisjes worden groot. Hoewel, tien jaar is ze, ik mag hopen dat ze nu nog niet achter schuurtjes staat te zoenen.

'Dat is helemaal geen gekke vraag hoor, ik begrijp best dat je je dat afvraagt. Meestal is het iets dat vanzelf goed gaat. Je lijf doet dat voor je. Dan ben je verliefd en je wilt heel dicht bij die ander zijn en elkaar graag aanraken en zoenen is dan superfijn.' 'Maar hoe moet je zoenen? Je steekt zo hup je tong in die andere mond, en dan? Dan sta je daar. Dat is toch hartstikke vies met al dat spuug en zo?' Hahaha, nee, ik lach alleen vanbinnen, natuurlijk niet hardop. Klassieke situatie. 'Nu lijkt dat heel vies, maar als je verliefd bent en die ander echt heel erg leuk vindt, is dat anders. Je gaat ook niet meteen tongzoenen, hoor.' 'O nee? Wanneer doe je dat dan?' 'Als je wat ouder bent en als je elkaar al wat langer kent en weet dat die ander jou ook heel erg leuk en lief vindt.' 'Maar hoe weet je dan of die ander jou ook leuk vindt? En hoe oud moet je zijn dan? Twaalf? Veertien? En ga je dan ook meteen bloot met elkaar in bed liggen? Of hoe oud moet je daarvoor zijn?'

Ik kom natuurlijk niet weg met 'dat hangt ervanaf', want daar kan mijn meisje niks mee. Feiten wil ze hebben, harde gegevens waar ze op kan bouwen. Dus komen we op zoenen met de mond dicht als je twaalf bent, tongzoenen als je veertien bent, met elkaar naar bed (een doodeng idee, vindt ze, dus dat stellen we nog even uit) vanaf achttien jaar. Oké, dat is helder. 'Mam, wat ik me ook nog afvraag: hoe zit dat nu met dat bloed?' Goed, dat bewaren we dan voor morgen. Nu lekker slapen, lieve kind, dan kan mama even rustig nadenken over hoe we dit nu allemaal weer gaan aanpakken...

DENKTANK

Goed, we krijgen dus een eigen zorgbudget, een persoonsgebonden budget oftewel PGB. En nu? Dat klinkt belachelijk als ik het zo zeg, maar ik zie even door de bomen het bos niet meer. Ik bedoel, de toekenning voor logeerweekenden om ons als gezin wat ademruimte te geven en onze oudste een fijne tijd te bezorgen, dat is helder. Al moeten we daarvoor nog wel een plek zien te vinden. Maar wat mag er nog meer? Bij de beschikking zitten strenge brieven over 'verantwoording' en de waarschuwing 'U mag het PGB alleen gebruiken om zorg in te kopen als bedoeld in de regeling', en dan staat er ook nog dat het 'kwalitatief verantwoorde zorg' dient te zijn. Een uitgebreid overzicht op negen dichtbedrukte dwarsgeprinte A4-tjes somt op welke bestedingen in de categorie 'begeleiding' (niet) zijn toegestaan. Het heet 'vergoedingenlijst', maar in het vakje 'vergoeding uit PGB ja/nee' staat meestal 'nee'. De moed zakt me in de schoenen.

Ik ben helemaal niet van plan om het PGB-geld te misbruiken. Ik wilde een PGB aanvragen om mogelijkheden te creëren. Maar de hele procedure gaat alleen maar over moeilijkheden, over wat er niet kan, wat er niet mag. Ik snap heus dat je moet toetsen of het geld goed terechtkomt, en ik wil daar ook graag verantwoording over afleggen, maar waar is straks het vakje waar ik kan invullen hoe blij ik ben met het geld, hoeveel goeds dat voor mijn dochter, ons gezin, betekent, welke winst – in termen van vooruitgang – we hebben geboekt dankzij de ondersteunende begeleiding?

Ik moet het loslaten, dit gevecht met die instanties. Terug naar waar het om begonnen is, mijn meisje helpen het leven te leven. Vanavond maar eens hardop dromen met mijn man. Zorgen dat we de denktank aan het borrelen krijgen om creatieve oplossingen te vinden. Wordt vervolgd.

LOGEERHUIS GEZOCHT

Toen we op vakantie waren in Frankrijk, heb ik gezien hoe een zestienjarig rolstoelmeisje werd begeleid door een jonge twintiger. De moeder vertelde dat het een bewuste keus is om zulke jonge hulpverleners in te zetten. Als de meiden dan samen op stap zijn, zouden het bijna vriendinnen kunnen lijken en dat is gunstiger in het sociale verkeer. Het blijft maar door mijn hoofd spoken sinds ik een PGB heb aangevraagd. Iets dergelijks zou ik ook voor mijn oudste willen realiseren. Maar hoe moet dat er dan uitzien? En wie moet dat dan gaan doen? Hoe vind je eigenlijk hulpverleners?

Eerst maar eens het logeren regelen. Zowel de Nederlandse Vereniging voor Autisme als Per Saldo, de belangenbehartiger van PGB-houders, hebben pagina's vol linken verzameld van grote en kleine instanties die logeergelegenheid aanbieden. Waarom in de kleine lettertjes staat dat ze niet verantwoordelijk zijn voor de kwaliteit omdat ze geen controlefunctie hebben, blijkt al snel uit het aanbod. Alles staat door elkaar, van particuliere welwillenden tot massale commerciëlen. Maar waar zou mijn dochter zich op haar gemak voelen? Niet tussen de kinderen met een verstandelijke beperking of op de zorgboerderijen (80% van het aanbod), dat schift alvast lekker. Bij mensen thuis? Dan vraagt ze vast en zeker waarom ze niet gewoon bij de oma's kan logeren. Ook maar niet dus. Wat blijft er dan over? Een logeerweekend naast een pretpark, dat riekt me te veel naar elke dag patat en appelmoes. Klinkt leuk, maar verveelt snel en echt gezond is het ook niet. Ik gun haar een leuke tijd, maar ik zou ook graag willen dat ze iets opsteekt van die weekenden. Daar is dat PGB-geld immers voor bedoeld? Oef, dan blijft er bijna niks meer over. Het valt me bovendien op dat op de meeste foto's alleen maar jongetjes staan, dat is natuurlijk ook nog een aandachtspunt. Mijn oudste kan weliswaar goed met jongens, maar het zou wel fijn zijn als ze ook verwante meisjes treft. Verwante meisjes. Zouden die er zijn?

Gezocht: logeeropvang voor normaal/hoog intelligente kinderen, jongens én meisjes, minimaal twee professionele begeleiders op maximaal vijf kin-

deren, verstand van autisme, begrip voor de onzichtbare kant, bereid de kinderen op sociaal gebied actief iets bij te brengen, niet op een zorgboerderij of bij een pretpark en dan liefst ook nog niet te veel bijkomende problematiek zoals ADHD, *lichamelijke handicaps et cetera.*

Hm, heb ik te veel noten op mijn zang? Dat wordt zoeken naar een speld in een hooiberg, vrees ik.

STEMMEN

'Meisje, we moeten even praten. Ik ben door een moeder gebeld over iets dat gister gebeurd is. Daar moeten we echt ernstig over praten. Weet je al wat ik bedoel?' Met grote verwonderde ogen kijkt ze me aan. Zojuist heeft ze zichzelf binnenstebuiten gehuild en druk gemaakt over de meisjes die haar na school 'snotvreter' hebben toegeroepen. Dat is naar en toch is dit het perfecte bruggetje naar wat er – volgens die moeder – gister is voorgevallen. Ze heeft geen idee waar ik het over heb. 'Ik begrijp dat je een brief bij Stijn door de bus hebt gedaan waarin je hem vraagt naar de bushalte te komen en toen hij kwam gebeurde er iets.' 'Oh ja, jaja, dat', maar haar ogen staan blanco, ze heeft nog steeds geen idee waar ik heen wil. 'Maar wat is daar mee dan?' En ze heeft gelijk, waar bemoeien die moeders zich mee als tieners elkaar liefdesbrieven sturen. Maar dat was niet het enige.

Met wat geduw en getrek komt eruit dat ze zich schaamt. Dat ze die brief niet had willen sturen, dat ze tegen Stijn heeft gezegd dat ze dat moest doen, omdat de meisjes op school haar anders zouden slaan, met stenen zouden gooien en haar broek naar beneden zouden trekken. Ik ken die meiden en het zijn geen doetjes, maar dit lijkt me stug. 'Ik vind het een vreemd verhaal. Ik denk dat het anders gegaan is. Jij had met je nieuwe vriendin lekker gegiecheld over verliefd zijn, jullie maakten die brief, maar toen je Stijn zag komen aanlopen, wist je je opeens geen raad.' Hevig knikkend bevestigt ze mijn lezing van het verhaal. 'En toen verzon je dat je het moest doen van de meiden op school.' 'Maar dat is niet waar!' Ze schreeuwt het uit van verontwaardiging. Bij hoog en bij laag houdt ze vol dat het een opdracht was die ze moest uitvoeren. Ik blijf erbij dat het geen pas geeft om anderen vals te beschuldigen van zoiets en dat ik niet wil dat ze daar zomaar mee wegkomt. 'Wanneer hadden de meiden dat dan tegen je gezegd? En wat zeiden ze precies?' 'Nou, zij hadden het niet gezegd, maar het was een jongen van een jaar of veertien. Sandra had het tegen hem gezegd en hij moest het weer tegen mij zeggen.' Als ik zeg dat ik haar niet geloof, houdt ze voet bij stuk. Ik vraag haar hoe de jongen eruitzag, waar ze hem tegenkwam, wanneer, wat hij heeft gezegd, waarom ze luistert naar iemand die ze verder niet kent en opeens hoor ik mezelf zeggen: 'Was het een echt mens zoals wij of was het iemand zoals Laura?' Bedremmeld kijkt ze me aan. Er zit sinds kort een nieuw meisje in haar klas dat ook zo heet, maar ik bedoel de fantasievriendin van anderhalf jaar geleden, de stem die haar destijds zo van streek maakte, maar waarmee het gelukt is vriendschap te sluiten.

Haar gezicht raakt verwrongen tot een onherkenbaar masker. Haar ogen staren angstig terug in de tijd. Hartverscheurend gehuil welt op uit haar diepste binnenste. 'Je bedoelt... denk je... was het niet echt?' Stamelend zoekt ze naar woorden, ze is helemaal in shock. 'Heb ik het zelf verzonnen? Was het mijn fantasie? Maar dat wist ik niet mama. Dat wist ik echt niet! Wat erg!!' Haar knieën knikken, wankelend staat ze voor me. Ik pak haar vast en voel haar schokkende lijfje. 'Dus ik had het helemaal niet hoeven te doen?' De verbijstering die in haar woorden doorklinkt, is net zo groot als mijn eigen verbijstering over deze wending in het hele verhaal.

'Ik ben zo in de war, mama. Ik wil dat niet meer. Ik wil niet meer leven, dan wil ik nog liever dood. Ik wil de wereld uitgummen en opnieuw beginnen. Ik ben zo in de war, ik snap het allemaal niet meer.' Huilend zoekt ze zich een weg. Ik wist niet dat ze zich zó ellendig voelde. Wat kan ik op dit moment meer doen dan er zijn? Groot en sterk zijn, haar baken in de woelige baren. Al zou ik liever een potje meegrienen. Ze komt op schoot, gaat er weer af, komt terug op schoot en schurkt zich tegen mijn schouder. Met haar anderhalve meter groot zoekt ze het kleinste hoekje om in weg te kruipen. Ik voel me machteloos klein. Zo zitten we samen een poosje stil te zijn.
In mijn hoofd is het intussen allesbehalve stil. Koortsachtig probeer ik hoofd- en bijzaken op een rij te krijgen. Wat er in welke volgorde is voorgevallen, is eigenlijk niet meer zo relevant. Welke vraag ligt erachter, dat is belangrijker om uit te vinden. En hoe kunnen we haar helpen om waan en werkelijkheid te onderscheiden? Ik moet echt dringend

naar school om te kijken hoe we haar meer structuur en veiligheid kunnen bieden. Ik baal omdat mijn meisje net een beetje contact gelegd heeft met Stijn en dat nu waarschijnlijk weer aan gruzelementen is, ook daar moet iets mee. Want wat als hij, zoals hij gezegd schijnt te hebben, naar de vermeende pestkop stapt om haar te zeggen dat je zo niet met mensen omgaat en hij komt erachter dat het allemaal niet waar is? Hoe zal hij dan reageren?

'Lieverd, ik snap dat je erg in de war bent. Er lopen ook heel veel dingen door elkaar. We moeten een paar verschillende dingen doen, denk ik.' Ze gaat op de stoel tegenover me zitten, verzamelt al haar moed, veegt haar tranen weg en zucht eens diep. 'Oké', zegt ze en haar lijf zegt 'kom maar op'.

Mooi om te zien hoe haar strijdlust het wint van de wanhoop.

OP DE GANG

'Ik wil niet meer naar school. Kan ik niet naar een andere school? Dat hebben jullie toch ook met mijn zusje gedaan, waarom mag ik dat dan niet?' Kreunend draait ze zich om in haar bed. Het is maandagochtend, lekker begin van de week. 'Kom meisje, opstaan en kleren aandoen. Ik ga naar beneden om het ontbijt klaar te maken. Tot zo.' Ze verschijnt zowaar binnen acceptabele tijd beneden aan tafel.

Onderuitgezakt smijt ze een boterham op haar bord. 'Ik wil echt niet meer. Vrijdag ben ik er wel vijf keer uit gestuurd!' 'Vijf keer? Dat lijkt me wat veel, lieve schat. Eruit gestuurd worden is natuurlijk niet leuk. Weet je ook waarom meester dat deed? Dan kun je het vandaag misschien voorkomen.' 'Nou, het was echt wel vijf keer, hoor. De eerste keer moest ik één minuut op de gang omdat ik erdoorheen kletste en toen ik weer binnenkwam, moest ik meteen weer weg omdat hij zei dat ik brutaal was. Nou en toen gingen we vormtekenen en ik zei alleen maar dat ik daar geen zin in had en toen moest ik een halfuur op de gang. Toen mocht de rest gaan buitenspelen en moest ik binnenblijven. Toen ik zei dat ik dat niet eerlijk vond, moest ik nog een keer drie kwartier op de gang. Dat is echt niet leuk, hoor.'

Ontsteld hoor ik haar aan. Deze leerkracht – die glashard beweert dat er met mijn kind niks aan de hand is – houdt er bijzondere opvattingen op na om mijn dochter te disciplineren. Maar wat me nog het meest raakt, is dat ze me dat nu pas vertelt, drie dagen later. 'Gebeurt dat vaker of hadden jullie allebei een slechte bui vrijdag?' 'Eigenlijk wel bijna elke maandag en vrijdag. Eerst moest ik steeds maar één minuut op de gang, maar nu is het elke keer wel een halfuur of drie kwartier.' Als het waar is, lijkt me dat een ongewenst patroon en begrijp ik plotseling waarom ze de laatste tijd zoveel klaagt over buikpijn, hoofdpijn, ziek, zwak en misselijk. Zou dat steeds op maandag en vrijdag zijn, als deze meester voor de klas staat? Ik ga het eens in de gaten houden. Eerst maar eens de intern begeleider aan haar jasje trekken en vragen om poolshoogte te nemen en na te denken over oplossingen. Ik weet wel dat mijn dochter geen lieverdje is en ik begrijp best dat ze luidruchtig en lastig kan zijn in de klas, maar er moeten andere wegen zijn om de onrust die ze voelt – nu er het hele schooljaar nog geen vaste leerkracht voor de klas staat – te kanaliseren.

Nu nog even mezelf over de drempel schoppen. Ik ben geen lastige ouder, ik ben terecht bezorgd.

RELIGIE

'Religie zou haar wel eens kunnen helpen', zegt de kinderpsychiater. Versta ik haar nu goed? Zegt ze echt 'religie'? Ik vraag hoe we onze dochter kunnen helpen minder angstig te zijn voor de stemmen in haar hoofd en de dokter schrijft geloof voor? 'Ik weet niet of jullie daar iets mee kunnen?' Mijn gezicht spreekt blijkbaar boekdelen. 'Dit soort kinderen is gebaat bij een gevoel van vertrouwen en als ze zich gesteund voelen door een hogere macht, kan dat veel rust geven. Dat wil nog niet zeggen dat je er zelf voor naar de kerk moet gaan, al zal je kind gevoelig zijn voor een respectvolle benadering. Maar er zijn ook speciale kinderdiensten waar ze aan deel zou kunnen nemen.' Ze zet nog even door ondanks mijn sceptische blik. Ik sta heus open voor een eigenzinnige benadering, maar hier weet ik even geen raad mee. Mijn kind vertrouwt haar eigen ouders niet eens. Waarom zou ze dat wel met een god gaan doen?

Ik ben zo van mijn stuk dat ik niet meteen een gepaste reactie paraat heb zonder de psychiater te schofferen. 'Ik weet het niet hoor,' stamel ik omzichtig, 'voor hetzelfde geld schiet ze er monomaan in door en wordt ze een godsdienstwaanzinnige.' 'Tja, dat komt ook wel eens voor,' reageert de dokter serieus, 'maar gezien jullie thuissituatie ben ik daar eerlijk gezegd niet zo bang voor.' Blijkbaar schat ze in dat we voldoende tegenwicht bieden. Ik zou graag hardop een potje gaan zitten lachen. Of huilen. Wat me het meest nader staat weet ik opeens niet meer. 'Ik denk niet dat het zo bij ons past', zeg ik toch maar dapper. Of we er thuis toch nog 's over willen denken, zegt ze. Met lege handen verlaat ik de spreekkamer.

Een week lang ben ik boos. Ik schrijf brieven in mijn hoofd, oefen telefoontjes als ik in bed lig, componeer mailtjes op de fiets en dan, plotseling, zonder dat ik één van mijn voornemens heb uitgevoerd, wordt het me helder: het is tijd om andere begeleiding te zoeken. Het was een veilige plek om te wennen aan het idee dat onze dochter zich anders ontwikkelt dan in de standaardboekjes staat. Er is warm en liefdevol gekeken en meegedacht en we hebben de kans gekregen om onze eigen weg te zoeken. Maar nu is het tijd om échte hulp in te schakelen. Ik wil meer moeder en minder therapeut worden. Ik wil mensen aan mijn zij die zeggen of mijn zorgen terecht zijn of niet. Die mijn kennis serieus nemen en er hun eigen kennis en ervaring aan toevoegen. Die mij kunnen gidsen als we verdwalen in het moeras. Geen halfzachte maatregelen meer. Ik wil het niet langer allemaal zelf bedenken en uitvinden.

Ik pak de telefoon en bel de autismespecialisten van het dichtstbijzijnde academische ziekenhuis. Ik ben niet langer bang voor ze. Ik wil eindelijk wel eens tegen iemand aanleunen. Of misschien beter: eindelijk durf ik op iemand te gaan leunen.

WEGSTUREN

Het was begin juni toen we hoorden dat het PGB rond was. De grapjurken wijzen het budget na een maandenlange procedure toe voor de periode van één jaar. Met terugwerkende kracht is er per 31 mei budget. Maar zie in juni nog maar eens iets geregeld te krijgen voor de zomerperiode. Dat wordt dus september voordat we structureel kunnen gaan bouwen. Het formulier van de eerste verantwoordingsperiode zal nog niet veel voorstellen. Zouden ze daarover vallen, vraag ik me onzeker af. Ik weet wel dat je het geld mag spreiden over het hele jaar, maar is het niet gek als je eerst drie maanden bijna niks uitgeeft en dan opeens een heleboel?

Geen zorgen voor morgen, spreek ik mezelf streng toe. Aan de slag nu om goede mensen te vinden die ons meisje kunnen begeleiden. Ik heb uitgebreid gezocht naar geschikte logeerhuizen en er is er één die ons wel trekt, omdat ze een smalle doelgroep hebben: normaal begaafde kinderen met autisme, gecombineerd met gillesdelatourette. Geen kinderen met ADHD of andere gedragsproblemen. Dat lijkt me prettiger voor het groepsklimaat, een beetje eenduidigheid, verwante zielen wellicht. Het logeerhuis biedt elk kind een eigen slaapkamer; dat lijkt me geen overbodige luxe. Je kunt je in zo'n weekend dan ook eens even terugtrekken als het je allemaal te veel wordt. Twee begeleiders op maximaal vijf kinderen. Ook fijn, ze werken met beroepskrachten en draaien niet op vrijwilligers en stagiairs. De activiteiten zijn gericht op het leren omgaan met vrije tijd en laten kinderen kennismaken met hobby's die ze thuis ook kunnen oppakken. Doel is de kinderen een leuke en ontspannende tijd te bezorgen, talenten te stimuleren en zelfvertrouwen op te bouwen door succeservaringen. Dat klinkt goed, toch? We mogen langskomen om kennis te maken en als we willen kan dochterlief zelfs in de zomervakantie al een keer mee. Wauw, dat gaat snel. Ik krijg er een beetje buikpijn van. Want hoe leggen we onze oudste uit waarvoor dat is? Hoe motiveren we haar en krijgt ze niet het gevoel 'weggestuurd' te worden? Vind ik dat eigenlijk

zelf, dat we haar wegsturen? Waarom was het ook alweer een goed idee, zo'n logeerweekend? Hoe kan ik nou zeggen dat het leuk is, als ik er zelf als een berg tegenop zie? Ik zie er alleen al verschrikkelijk tegenop om het haar te vertellen. Want wat als ze niet wil? Ga ik dan zeggen dat ze moet?

LOGEREN I

Als we naar het logeerweekend rijden, ratelt ze aan één stuk door. Toch wel spannend dus. Het verbaasde me al dat dit meisje, dat bij alles wat nieuw is haar hakken in het zand zet, van meet af aan zo onverdeeld enthousiast is over het idee van een logeerweekend. Want 'men' kan dan wel zeggen dat het er ook aan ligt hoe je het brengt, maar daar is bij mijn meisje eerlijk gezegd weinig peil op te trekken.

'Ga je wel mee naar binnen, mama?' vraagt ze halfweg de snelwegen. De lieverd. 'Natúúrlijk ga ik met je mee naar binnen, schat.' Ik hoop dat ik het droog houd, denk ik er stilletjes achteraan. Ze pakt het programma erbij dat begin deze week is toegestuurd. 'Dus we gaan eerst naar mijn slaapkamer, dan mijn tas uitpakken en dan blijf jij zolang als ik wil?' We hebben dit scenario al verschillende keren doorgesproken, maar met alle liefde doe ik het nog een keertje over. En nog een keer, en nog een keer als het nodig is. Ik vind het namelijk minstens zo spannend. Stel je nou voor dat ze helemaal niet aardt op zo'n weekend, dat ze er straks nooit meer naartoe wil. Gaan we haar dan dwingen? Omdat we dat PGB-geld nu hebben? Omdat wij het zijn die behoefte hebben aan lucht en ruimte? Je kunt een kind moeilijk dwingen om het leuk te hebben. Nou ja, ze hoeft het ook niet meteen leuk te hebben, maar moet zich toch wel op haar gemak voelen. Ik wil niet het gevoel hebben dat we haar ergens opbergen. Daar zou ik me heel slecht bij voelen, dus dan komt van dat bijtanken ook niks terecht.

'Hoe weet je waar het huisje staat?' vraagt ze als we het terrein oprijden. 'We volgen gewoon de bordjes, kijk, er staan overal bordjes met de nummers van de huisjes. Vaak staan er ook overal grote borden met plattegronden, dus we gaan het zeker vinden. Zoek je mee? Welk nummer is het ook alweer?' Ik vraag naar de bekende weg, het nummer van het huisje heeft ze me elke dag verteld sinds ze het programma heeft gekregen. Maar zo geef ik haar een beetje grip op de situatie, kan ze meekijken en het gevoel hebben dat het helpt. Ik vertel haar niet dat ik de afgelopen week telkens weer de plattegrond op de website van het bungalowpark heb bestudeerd. Dat ik uitentreuren de foto's heb bekeken, me een voorstelling heb gemaakt van hoe het daar zou zijn. Trefzeker sla ik links- en rechtsaf en kronkel mee met de ondoorgrondelijke recreatieve wegen van dit vijfsterrenpark. Shit. Nu zitten we toch verkeerd, die containeropslagplaats hadden we links moeten laten liggen. Mm, de zenuwen slaan toe, blij dat ik me zo goed voorbereid heb. Tralalalala, quasisoepel keren we om en probeer ik de opkomende paniek naast me te bezweren door haar af te leiden.

'Mam, ik moet plassen. Echt héél erg. Ik hou het niet meer. Ik denk dat ik in mijn broek ga plassen.'

LOGEREN II

De deur van de grote vakantievilla is nauwelijks open of mijn meisje stormt met een 'ik moet heel erg nodig plassen' naar binnen en kijkt verwilderd om zich heen op zoek naar de wc. 'Ook goedenavond', glimlach ik naar de overrompelde begeleidster en geef haar een hand. Nou ja, ze zijn wel wat gewend hier, wat heerlijk om me daar geen zorgen over te hoeven maken. In de huiskamer springen de enthousiast wiënde jongetjes meteen in het oog. Meisjelief wil nog niet kennismaken, eerst wil ze plassen en daarna vraagt ze waar haar kamer is om haar tas uit te pakken. Precies. Zo hadden we het ook afgesproken, helemaal waar.

Omdat ze dit weekend het enige meisje is – voortaan zal dat anders zijn, maar dat kwam nu eenmaal zo uit – wordt ze extra in de watten gelegd, heeft de organisatie gezegd. Op haar kamer zien we wat ze daarmee bedoelen. Er liggen heerlijk geurende zeepjes klaar en kijk nou, zelfs een flesje parfum ontbreekt niet. Wat een warm welkom. 'Het is allemaal roze. Ze denken zeker dat ik van roze hou omdat ik een meisje ben.' Oeps, vergissing...

Nauwgezet pakt ze haar tas uit en geeft alles een plaats. Als alles de 'goede' plaats heeft, het programma op het nachtkastje en slaappop onder haar kussen ligt, inspecteren we de rest van de bovenverdieping. Iedereen heeft zijn eigen slaapkamer en er zijn twee badkamers. Maar op welke badkamer zal ze dan haar tandenborstel neerleggen? We kiezen voor de dichtstbijzijnde, dat komt vast goed.

Eenmaal weer beneden komt ze dicht tegen me aan op de bank zitten. Er zit een jongen fanatiek op zijn Nintendo DS te spelen, onderwijl vreemde klanken uitstotend van de opwinding. Gillesdelatourette vermoed ik. De jongens komen, aangemoedigd door de leiding, om de beurt netjes een hand geven. Mijn meisje kijkt het met grote ogen aan. 'Kom je even mee naar boven?' fluistert ze in mijn oor. 'Wat heeft die ene jongen die zulke gekke geluiden maakt?' 'Dat komt een beetje door de spanning,' leg ik uit, 'hij heeft dan last van tics. Hij is natuurlijk ook net pas gebracht en bovendien doet ie zo te zien een spannend spel op zijn computertje.' 'Gaat dat wel over dan? Ik vind hem eng!' 'Ja hoor, dat wordt straks wel minder, denk ik. Zo hebben we allemaal wel wat en het is verder niet gevaarlijk of zo.' 'Nee, haha, maar ik vind dat gewoon stom als ie dat doet. Ze hadden gezegd dat je bij het logeerhuis niet verliefd mag worden, maar dat is niet zo moeilijk hoor, ik zie hier echt geen jongens waar ik verliefd op ga worden.' Oké, dat is dan ook maar weer duidelijk.

We nestelen ons weer op de bank. Zal ik haar straks wel los kunnen laten? Wanneer doe ik dat? Hoe lang blijf ik zo zitten? Ik kijk naar mijn meisje. Ze is helemaal *mellow* en ligt ontspannen met haar hoofd op mijn schoot. Het is zo gek wat er gebeurt. Steeds heb ik gedacht: mijn kind hoort niet tussen die andere autisten, mijn kind is anders, maar nu we hier zijn, zie ik met eigen ogen hoe ze onmiddellijk ontspant. Alsof ze van een lange reis thuiskomt. Het is confronterend en geruststellend tegelijkertijd. Een warme golf genegenheid overspoelt me. Ik hou van haar! Opeens kan ik het voelen. Beetje een vreemd moment om dat nu te gaan zitten voelen terwijl ik haar voor het eerst wegstuur naar een logeerweekend, denk ik nog. Dan komt ze plotseling overeind, geeft me een lange dikke kus en zegt: 'Ga nu maar, het is goed zo.'

Op vleugels loop ik naar de auto. De verdrietige knoop in mijn buik wordt overstemd door een veel groter gevoel van opluchting. In mijn oren echoot 'het is goed zo' na. Ik kan hier wel aan wennen, denk ik.

GEDACHTE-EXPERIMENT

Als de directeur van de nieuwe school van mijn jongste een gloedvol betoog houdt voor onderwijs met hoofd, hart en handen, ga ik op slag een beetje van hem houden. Zoals hij daar vol overgave staat te spreken: de passie voor zijn vak – en voor 'zijn' kinderen – spat ervanaf. Het is een man met lef, heb ik al eerder ervaren toen hij ons ouderinitiatief voor een hoogbegaafdenklas adopteerde en te vuur en te zwaard verdedigde voor een schoolbestuur dat aanvankelijk slechts bezwaren zag. Als ik terug naar huis rijd, popt plots de gedachte 'zou voor onze oudste misschien ook een plaatsje op deze school zijn?' tevoorschijn. Op de automatische piloot rijd ik door, totaal van slag door die gedachte. Geen haar op mijn hoofd heeft tot nu toe overwogen de oudste van school te laten wisselen, ondanks alle gedoe in dit zéér moeizame jaar. Ze heeft vijf hele goede jaren op school gehad, een superjuf voor de onderbouwjaren en een heel actieve zorgcoördinator. Zo'n school zet je toch niet zomaar aan de kant? En al die aardige mensen op het schoolplein, dat heb je niet zomaar weer opgebouwd. Anderzijds: het afgelopen jaar is een dramatische aaneenrijging van missers en het einde lijkt nog niet in zicht. Elke informatieavond eindigt met machteloos stampvoetende ouders. Aan wie ben ik nou loyaal, de school of mijn kind?

Stel nou, gedachte-experiment, sus ik mezelf, stel dat ze de laatste twee basisschooljaren daar gaat doen. Dan heeft ze meer kans om het hele jaar een vaste leerkracht voor de klas te krijgen, krijgt ze misschien alsnog de kans te leren leren, kunnen we straks beter inschatten of ze naar een 'gewone' middelbare school kan of dat het vrijeschoolonderwijs haar beter past. Dan hebben we bovendien weer twee kinderen op één school, hoeven we de aandacht niet steeds te verdelen, geen gesplits bij gelijktijdige vieringen en feestelijkheden. Misschien de moeite waard om nader te onderzoeken?

Het is een wonder dat ik heelhuids thuiskom, want alle daaropvolgende stoplichten heb ik gemist, denk ik.

SPELEN

'Wat vindt ze leuk om te doen?' 'Eh', stamel ik. Logische vraag, natuurlijk, als je iemand inschakelt om samen met je dochter activiteiten te gaan ondernemen, maar ik sta prompt met mijn mond vol tanden. 'Ze luistert naar muziek, ze danst graag, ze houdt van tv-kijken (maar dat mag alleen na het avondeten), ze zit op muziekles...' 'Uhuh,' onderbreekt de kindercoach me, 'speelt ze ook met andere kinderen samen? En wat doen ze dan?' Oef. Confronterend, zo'n intakegesprek. Ik weet wel dat hij niet bedoelt dat we haar daarin niet goed hebben opgevoed, maar toch voel ik me tekortschieten. 'Ze wil héél graag met andere kinderen samen spelen, niets liever! Er komt ook wel eens iemand mee uit school. Ja, wat doen ze dan? Met de jongens gaat ze meestal naar buiten. Beetje voetballen, klooien bij de sloot, naar de schommelband daarginds in het speeltuintje. Ze houdt wel van dat fysieke en buiten zijn (behalve als wij in het weekend iets buiten willen gaan doen). Maar steeds vaker mag ze niet meedoen. Misschien omdat ze een meisje is en ze op deze leeftijd niet meer gemengd spelen? Of omdat ze niet doorheeft wat er tussen de regels door gebeurt? Lastig om daar de vinger achter te krijgen, want het past ook niet meer zo goed om er als ouder bovenop te zitten. Tot voor kort leidden we het spel in goede banen als het uit de bocht dreigde de vliegen, maar nu speelt het zich vaker buiten ons blikveld af.'

'Ze pakt het ook niet zo handig aan op het schoolplein. Klampt iedereen aan met de vraag "Spelen?" totdat ze beet heeft en dan lijkt het niet uit te maken met wie ze afspreekt. Vaak hebben ze dan helemaal geen klik en werkt het dus niet. Of ze claimt iemand zó sterk dat hij of zij het er benauwd van krijgt en afhaakt. Anke en Sandra zijn twee meiden waar ze vaker mee afspreekt, maar dat eindigt negen van de tien keer in gedoe. Meidenvenijn waar zij dwars doorheen dendert met haar eerlijkheid, derde wiel aan de wagen zijn, het werkt allemaal nét niet. Dus meestal hangt ze thuis rond en weet dan niet wat ze moet doen. Vroeger hadden we een briefje op de kast hangen met een soort stroomschema: binnen/buiten, samen/alleen en daar dan activiteiten bij. Dat werkte goed, maar dat vindt ze nu kinderachtig, dus dat wil ze niet meer.'

Hè, wat klinkt dat allemaal somber, dat wil ik helemaal niet. 'Ze heeft zichzelf geleerd op een eenwieler te fietsen', vertel ik enthousiast. 'Maandenlang heeft ze geoefend hier achter op het paadje en zich dan aan de schutting vastgehouden. In weer en wind, koud heeft ze het niet snel en regen lijkt haar ook niet te deren. We hadden nooit gedacht dat het haar zou lukken, dat ze dat oefenen zou volhouden, maar ze heeft het toch maar mooi gedaan. Echt heel vasthoudend was ze daarin. O, en als we in Frankrijk zijn, bij ons huisje op de camping, dan zit ze dag en nacht in het zwembad. Dat vindt ze ook heel fijn en daar legt ze heel gemakkelijk contact met Jan en alleman. Maar ja, dat zijn allemaal supertijdelijke vriendschappen, hè.' 'Oké,' zegt Maarten, onze kersverse PGB'er, 'dat geeft wel een ingang. Eerst moeten we elkaar een beetje leren kennen, natuurlijk. Ik stel voor om vier keer een-op-een af te spreken, bij jullie thuis, dat is het meest vertrouwd. Daarna daag ik haar uit om voor de volgende keer te bedenken wat ze wil gaan doen en daar iemand voor uit te nodigen. Dan moet ze nadenken over wat ze wil, een strategie bedenken hoe ze iemand uitnodigt én ze moet het tijdig vragen, dus daar leert ze ook van plannen. Het samen spelen bespreken we dan kort na, zodat ze meer inzicht krijgt in wat werkt.' Wauw, dat klinkt goed: spelen en leren in één en wij bovendien een middag per week ruimte om wat extra aandacht aan de jongste te geven. Ik ben nu al blij!

ONDERGOEDREGEL

Mijn moeder roept verschrikt uit: 'Een man?! Is dat wel te vertrouwen?' Ik schrik, ik heb daar helemaal niet bij stilgestaan. Is dat naïef? Misschien. We hebben gericht naar een jongeman gezocht en zijn juist zo blij dat we er een dichtbij gevonden hebben. Ons meisje is meer een jongensmeisje, niet zo van het knutselen of van roze en strikjes, meer een doerak. En onze ervaringen met de buurjongen die oppast, zijn onverdeeld positief, dus ik koesterde geen achterdocht. Toch ben ik even goed in de war. Dat hoort dus ook bij een PGB, werkgever zijn en je personeel screenen. Dat kan je dus ook nog gebeuren, dat je kind gegrepen wordt door een hulpverlener. Shit.

Wat nu? Kan ik op mijn intuïtie vertrouwen of moet ik dat anders aanpakken? Maarten werkt al langer met kinderen (maar ja, dat kan verdacht zijn, volgens sommigen), hij heeft een stabiele relatie met een leuke jongen (dus hij valt niet op meisjes, dat is een pre), hij heeft...

Ik kap het rijtje overwegingen af. Dit slaat nergens op. Het is verschrikkelijk eigenwijs, maar zo wil ik het niet. Ik wil durven te vertrouwen op mensen en niet leven vanuit wantrouwen. De kennismaking voelde goed, ik gebruik mijn gezonde verstand, hou een oogje in het zeil en ik leer mijn dochter de ondergoedregel.*

Fingers crossed.

* zie: www.ondergoedregel.nl

FRANKRIJK

'Gaan we nou wéér naar Frankrijk?' vraagt mijn jongste ergens in het voorjaar. 'Kunnen we niet een keer ergens anders naartoe? Italië of zo?' Twee jaar geleden hebben we geprobeerd wat variatie aan te brengen en zijn we na twee weken in ons huisje een week naar de Atlantische oceaan gegaan. Het was geen succes. Dus, ja, we gaan wéér naar Frankrijk. Het spijt me meisje, ik snap je vraag wel, maar ik kan er niks mooiers van maken. Voorzichtig zoek ik woorden die recht doen aan haar verlangen naar andere horizonten en tegelijkertijd waak ik ervoor haar valse hoop te bieden. 'Ik vind het stom. Ik wil ook wel eens wat anders doen dan altijd maar naar Frankrijk!' Woest stampt ze de trap op en verdwijnt naar haar kamer.

'Kom op, het is onzin om toe te geven aan kinderen van acht', spreek ik mezelf toe als ik met een steen op mijn maag achterblijf aan de keukentafel. Maar de dagen erna blijft het zinnetje steeds door mijn hoofd spoken. 'Gaan we nou wéér naar Frankijk, ik wil ook wel eens iets anders doen.' Misschien is het geen toegeven, heeft ze gewoon gelijk. Wij passen ons met zijn allen aan één meisje aan. Niet dat het zo vreselijk is in Frankrijk, gelukkig vinden we het er allemaal fijn. Maar toch. Gaan we nou wéér naar Frankrijk. Misschien moet ik afscheid nemen van het idee dat je vakantie viert als gezin, met zijn allen. Misschien zijn er ook andere vormen mogelijk. Ik weet dat er speciale vakantieweken voor kinderen met autisme georganiseerd worden. Maar kun je het dan maken om het ervan te nemen en in die tijd met zijn drieën op stap te gaan? Ik weet het niet. Hoe moet dat dan als mijn oudste het daar helemaal niet naar haar zin heeft? Of als er iets gebeurt en ze moet naar huis? Wordt ze niet jaloers als wij met haar zusje op vakantie gaan en haar elders parkeren?

Ik ga er een nachtje over slapen, denk ik.

MOUSSAKA

'Ik heb zo lekker gegeten, dat moet jij ook eens proberen te maken, mam', zegt ze als ze terugkomt van het logeerweekend. Mijn oudste die zegt dat ze iets nieuws gegeten heeft? Het moet niet gekker worden. In het programma zie ik dat het moussaka was. Toen ik laatst een keer lasagne had gemaakt, wilde ze niet eens proeven, want 'het zit allemaal door elkaar'. Waarom eet ze dan opeens wel moussaka? Ik snap er niks van. 'Ik zie dat jullie ook een gps-tocht hebben gedaan, hoe was dat?' 'O, dat was zo gaaf! Heb je de foto's gezien? Heb je gezien dat ík de schat had gevonden?'

Hartstikke slim is dat van het logeerweekend, ze maken veel foto's en zetten die op een afgeschermd deel van de website zodat de kinderen thuis met hulp van de foto's kunnen vertellen wat ze gedaan hebben. Negen van de tien keer vertelt ze namelijk niets als ze thuiskomt. Thuis is thuis, logeren is logeren, dat heeft niets met elkaar te maken. Wel is ze altijd ontzettend *mellow*. Ik kan het niet anders omschrijven. Ze is zo diep ontspannen als ze thuiskomt van het logeerhuis. Toegankelijker ook. De ontmoetingen die ze daar heeft, lijken zich op een ander niveau af te spelen. Alsof ze eindelijk onder gelijken is, even niet op haar tenen hoeft te lopen om mee te komen. Dat is natuurlijk ook zo.

Ik scroll door de foto's. Zie haar zoekend door het bos struinen (met ons wil ze nooit mee naar buiten), serieus haar best doen bij het knutselen (doet ze thuis nooit) en lachend poseren met haar logeervriendin Fleur (wat hebben ze het goed samen). Een steek jaloezie flitst door mijn lijf. Kort, maar heftig. Waarom gaat alles daar zo gemakkelijk? Waarom doet ze daar wel leuk mee en is het bij ons altijd een drama als we iets gezelligs willen ondernemen? Wat doen wij verkeerd? Ik wéét wel dat het op een groep anders werkt dan thuis. Dat de winst van de logeerweekenden is dat ze in aanraking komt met nieuwe dingen die we vervolgens ook thuis kunnen uitproberen. Maar dat is toch eigenlijk mijn taak als ouder?

Met Maarten is ze laatst gaan kanoën. Ook al zoiets dat ze met ons nooit wil doen. Ik voel me een waardeloze ouder. Weet je wat, ik ga gewoon moussaka maken morgen.

PAARDENKAMP

'Als je wil, mag je op paardenkamp.' Ik zeg het zo luchtig en neutraal mogelijk, want ik weet dat ik maar één kans krijg. 'Echt waar? O joepie!' reageert ze enthousiast. Pff, de eerste drempel is genomen. 'Maar hoezo dan? En wanneer is dat dan? En wie gaat er nog meer mee?' 'De paardenjuf organiseert een kamp in de eerste week van de zomervakantie en ze vroeg of jij daar misschien ook zin in had.' 'Haha, natuurlijk heb ik daar zin in! Mag het echt?' 'Ja hoor', zeg ik droog, terwijl inwendig de jubel losbarst. De dagen daarop vertelt ze aan iedereen die het maar horen wil – en ook als ze niet geïnteresseerd zijn, maar dat terzijde – dat ze op ponykamp gaat. Ik ben zo blij met dit initiatief van de paardenjuf. Ik had al wel gezocht naar auti-vakantieweken, maar het is lastig om iets te vinden waarvan ik denk dat het past bij onze extraverte, intelligente en ondertussen o zo angstige jongedame van amper tien. Het wordt heel kleinschalig: drie meiden, kamperen naast de paardenwei, veel structuur en wat ik ook fijn vind is dat ze mijn kind al zo goed kent. Toch durf ik het formulier nog niet definitief in te leveren.

Een week later check ik opnieuw of ze het écht wil. Ik zou haar ook gewoon kunnen opgeven, dan moet ze wel. Maar ik wil niet het gevoel hebben dat ik haar dwing, dat ik haar wegstuur. Stiekem heb ik namelijk het plan opgevat om de jongste de kans te geven samen met papa en mama op stap te gaan. Naar een bestemming van háár keuze. Dat zou geweldig zijn, maar ik durf er niet zomaar op te rekenen dat de oudste daarmee instemt. Hoezo instemmen, hoor ik mijn man al zeggen. Ze is bepalend genoeg, mogen wij ook eens voor onszelf kiezen? Ik vind dat moeilijk. Ik ben blij dat ze het op de logeerweekenden zo fijn heeft, want ik zou het niet verdragen haar daar met tegenzin naartoe te brengen. En dit zijn vijf nachtjes, dat is lang hoor, als je het niet naar je zin hebt.

'Dus ik kan Lucia laten weten dat je meegaat op kamp?' 'Ja tuurlijk, had je dat nog niet gedaan dan? Hoeveel kinderen gaan er eigenlijk mee?

Twaalf? Twintig? Sandra zegt dat het echt supergezellig is met zo'n grote groep, zij is vorig jaar al een keer op ponykamp gegaan, leuk hè! Waar is het eigenlijk? Komt Sandra daar ook? Zal ik vragen of Anke ook meegaat?' De vragenstroom houdt maar aan, ik krijg geen kans om ook maar ergens antwoord op te geven. Het plaatje in haar hoofd ziet er heel anders uit dan hoe het in werkelijkheid zal zijn. Hoe krijg ik dat nou weer soepeltjes rechtgebreid?

BERGEN

'Wat zullen we gaan doen? Eerst maar eens boven op een berg gaan kijken?' 'Yeeeah!' gillen de kinderen en ze rennen naar de kapstok om hun schoenen te pakken. Twaalf uur geleden bracht ik ons oudste meisje bij haar paardenkamp. Kampje beter gezegd. Drie meisjes staan samen met de paardenjuf en haar assistent knus naast de paardenwei met hun slaaptenten, een caravan, een partytent en een mobiele wc-cabine. Ik hoop maar dat ze mooi weer hebben. Voor het eerst is ze vijf nachten met vreemden op stap. Dat wilde ze gelukkig zelf, al heb ik het wel helpen doordrukken. Dus het onrustige gevoel in mijn lijf werd er niet beter op toen ze bij het gedag zeggen in mijn oor fluisterde: 'Ik weet niet of dat wel meisjes zijn zoals ik, ze zijn niet echt mijn type.' Ik hoop dat ze zich gaat redden, mijn hoofd is eigenlijk nog in de paardenwei. Maar nu moet de knop om, want nu zijn we een week op vakantie met alleen de jongste en haar vriendje. Toen we haar vroegen: 'Waar zou jij nou graag naartoe willen?' antwoordde ze zonder dralen: 'Naar de bergen, natuurlijk!' Dus zijn we nu in Oostenrijk, aan de voet van de Zugspitze.

Op de kaart hebben we een plek gezien waar je met verschillende liftjes steeds verder omhoog kunt. Dat lijkt ons een goed begin. Het is alleen even zoeken waar dat eerste liftje opstijgt. We verdwalen hopeloos en rijden ons vast op wat een voetpad blijkt te zijn. Tot grote hilariteit van de achterbank moeten we keren in het weiland onder het toeziend oog van een nieuwsgierige boer. Als we eindelijk het basisstation vinden, snellen onze eigenste Heidi en Peter op hun kersverse bergschoenen voor ons uit. Kaartjes kopen en binnen vijf minuten zitten we in de eerste cabinelift naar boven. Opgetogen kijken de kinderen om zich heen en voor we het weten zitten we al in de volgende lift, een stoeltjeslift, of meer een soort bankje waarop we met zijn vieren naast elkaar zitten. Zomaar in de buitenlucht, onder onze bungelende voeten glijden de boomtoppen voorbij.

Wat is het stil, de suizende stilte doet zelfs het gekwetter tussen ons in verstommen. Omhoog en omhoog gaan we, eindeloos lijken we te klimmen. Ik voel me lichter en lichter worden, en er ontstaat een enorme ruimte in mijn borstkas. Alsof mijn adem bevrijd wordt, zo verlicht voel ik me. Er rolt een traan uit mijn oog. Van puur geluk. En dan rolt er nog een traan. Van intens verdriet. Er is geen houden meer aan, stilletjes laat ik ze maar stromen. Langzaam ga ik snappen wat me zo aangrijpt. Vandaag gaat alles vanzelf, onvoorbereid. Geen stress of alles klopt met hoe we het hadden bedacht. Geen duizend vragen naar de bekende weg. Geen woede als er even iets anders gaat. Geen angsten die overwonnen moeten worden om iets nieuws te proberen. Zo licht voelde het bestaan nog nooit.

Wat is dat fijn. Wat doet dat pijn.

AUDITIE I

'Barbara heeft gezegd dat ik auditie mag doen voor een selectieteam!' Juichend valt ze me in de armen en draait me in het rond. Wat wordt ze al groot en sterk, schiet het door me heen. 'Wat ontzettend leuk voor je', zeg ik blij. 'Maar je weet toch wel dat bij auditie doen ook hoort dat je afgewezen kunt worden?' voeg ik er zekerheidshalve aan toe. 'Jaha, dat weet ik heus wel', gromt ze. Haar boze blik spreekt boekdelen, had ik mijn tong nou maar even afgebeten. 'Vertel 's, wanneer zijn die audities en voor welk team mag je voordansen?' Dat weet ze allemaal niet, er komt nog een brief, zegt ze. De immense blijdschap waarmee ze binnenkwam, is snel weg door al mijn lastige vragen en opmerkingen. Sorry hoor, ik ben zo gewend om vooruit te moeten denken, dat ik soms even vergeet om op het moment zelf te reageren. Misschien kan ik het straks nog goedmaken.

Dat blijkt helemaal niet nodig, want de rest van de week stuitert ze door het huis. Ze is blij en gespannen en blij en zenuwachtig en blij en boordevol vragen bovenal. Eindelijk is het weer dinsdag-dansdag. De dag waarop de brief mee naar huis zal gaan. De dag dat het zeker is dat ze auditie mag doen. Voor een selectieteam. Haar grote droom, al jarenlang. Zielsgelukkig komt ze thuis. Mét De Brief. Snel scan ik de tekst op feiten die ik de komende tijd nog veelvuldig zal moeten reproduceren. Dan blijft mijn oog haken aan voorwaarde één: 'Je bent minimaal elf jaar.' Dat is ze nog lang niet! O nee hè, ik weet dat ze groot is voor haar leeftijd en ze heeft een goede babbel, maar zou Barbara zich nou echt vergist hebben? De schrik slaat me om het hart als ik me realiseer dat ons meisje sinds een jaar een groep hoger danst dan haar eigenlijke leeftijd. Misschien zit daar het misverstand? 'Zeg lieverd, ik zie hier staan dat je elf moet zijn om auditie te doen. Heeft Barbara misschien gewoon alle meisjes van jouw groep zo'n brief gegeven?' probeer ik luchtig. 'Echt niet!' bijt ze me verontwaardigd toe. Maar hoe ik ook mijn best doe om hoogte te krijgen van de procedure, veel meer weet ze me niet te vertellen. Ik denk dat ik Barbara maar eens even ga mailen, om al te grote teleurstellingen te voorkomen.

ONLINE

'Mama, ik wil ook op Hyves, kun je me helpen?' Opgetogen zit ze achter het beeldscherm, de openingspagina van Hyves staat al klaar. Het overvalt me. Ik vind haar vriendschappen in het echte leven al zo gecompliceerd te managen, krijgen we straks ook nog een hele virtuele vriendenschaar in de schoot geworpen. Ik weet niet of ik dat erbij kan hebben. 'Daar moet ik eerst even over nadenken', probeer ik – tegen beter weten in – tijd te winnen. 'Hoezo?!' is haar verontwaardigd commentaar, 'Ik ben al tien, ik mag dat heus wel. Sandra had al Hyves toen ze acht was, waarom mag ik dat dan niet?'

Door mijn hoofd flitst: Weet je nog hoe je het in de virtuele 'vriendenwereld' Habbo voor elkaar kreeg om telkens binnen vijf minuten verstrikt te raken in hopeloze ruzies? Hoe vervelend het was toen een clubje zogenaamde vriendinnen je niet alleen op het schoolplein maar ook op Habbo wist te pesten? Hoe boos je kon worden om hun flauwe grapjes en er telkens weer intuinde als ze je vroegen 'mee te doen'? Ik kan zo een lange lijst bezwaren opsommen, maar daar schiet ze niks mee op, dus ik zwijg en denk na.

'Mama, toe nou, zeg nou iets. Mag ik nou op Hyves? In mijn nieuwe klas straks zit iedereen erop, dat lijkt me zo leuk.' Zonder dat ze het weet, opent ze daarmee een deur in mijn hoofd. Als ze na de zomervakantie naar haar nieuwe school gaat, is het misschien wel leuk om alvast wat contacten te hebben gelegd. Als ik ernaast ga zitten, kan ik haar daarin een beetje sturen en op gang helpen. Op het schoolplein gaat dat niet meer, een tienjarige mijdt zijn ouders zoveel als het kan in het openbaar. 'Weet je wat, ik ga vanavond eens uitzoeken hoe dat allemaal werkt en dan laat ik je morgen weten of het goed is.' Ze springt een gat in de lucht en kijkt meteen op de klok of het misschien al bedtijd is. Pff, waar beginnen we nu toch weer aan.

AUDITIE II

'Mama, het is echt, écht waar. Ik mag wél auditie doen voor het se-lectieteam. Oe, ik vind het zo spannend...' Met rode wangen staat ze voor me. Haar lange haar sliert alle kanten op terwijl ze op en neer springt. 'Weet je, dan krijg je ook een trui van de dansschool en dan kan iedereen zien dat je in de selectie danst.' Ik had het al gehoord van Barbara en ben zo blij dat het geen vergissing is. Maar of ze toegelaten wordt, is natuurlijk nog de vraag, dus hoe temper ik dat tomeloze enthousiasme zonder haar de blijdschap te ontnemen? 'Moet je ook iets voorbereiden, weet je dat?' Verbaasd kijkt ze me aan. 'Soms moet je bijvoorbeeld iets instuderen, of een stukje solo bedenken en dat dan laten zien', leg ik uit. 'Dat hoeft echt niet', zegt ze grommerig, terwijl ze in een *loopje* 2×4 maten staat te dansen. 'We vragen het volgende week wel op les,' probeer ik de opkomende onrust te sussen, 'er is nog tijd genoeg.'

Tijd genoeg, zeg dat wel. Drie weken duren eindeloos als je moet wachten op iets waar je al vier jaar naar uitkijkt. Op de kalender tellen we af. Haar outfit ligt al klaar. De danspassen zijn geoefend voor als ze onverwacht tóch een stukje solo moet laten zien. Het dilemma 'zal ik mijn haar los doen of in een staart?' is nog niet opgelost, en hoe moet het eigenlijk als ze straks ziek is en niet kan dansen? 'Dat zijn zorgen voor morgen lieverd, en bovendien, wanneer ben jij nou ziek?' 'Dat is waar, ik ben nooit ziek, hè mama, wanneer ben ik voor het laatst ziek geweest? Weet je nog toen ik bovenaan de trap moest kotsen. Bah, wat was dat vies zeg, ik weet het nog precies.' Ze rilt alsof ze er weer middenin zit. Ze was toen twee, hooguit drie, ongelooflijk dat ze zich dat nog herinnert. 'Nou en of ik dat nog weet, maar we zijn aan het eten, dus daar praten we nu niet over.' 'O ja, jij kan daar niet tegen als we over kotsen praten tijdens het eten. Maar ik kan er niet tegen als ik zelf moet kotsen, dan...' 'Ja, ho, stop maar, genoeg!'

Nog drie, nog twee, nog één nachtje en dan is de grote dag daar. Om zeven uur staat ze naast ons bed. We wurmen ons door de trage och-

tenduren tot het halfeen is en we eindelijk mogen vertrekken. Krim-
pend van de buikpijn zit ze naast me. Ik vraag me af hoe ze straks
haar ene been voor het andere gaat krijgen. Zodra ze echter over de
drempel van de dansschool is en de muziek haar luid tegemoet schalt,
recht ze haar rug en duwt me stoer en beslist van haar zijde. 'Tot straks',
zegt ze verrassenderwijs, om er snel aan toe te voegen: 'Je blijft wel
wachten, toch?' En dat doe ik, natuurlijk. 'Uitstraling', fluister ik nog
snel in haar oor. Ze zet haar glimlach aan.

Daar gaat ze. Mijn dappere dame. Ik duim voor je!

OVERSTAPPEN

'We willen graag overstappen omdat we denken dat het beter is voor ons kind. Kunt u mij zeggen hoe dat in zijn werk gaat?' De telefoonjuffrouw van de polikliniek begrijpt het niet. Zou er nooit iemand van kinderpsychiater wisselen dan? Ik leg het nogmaals uit. Dat we behoefte hebben aan een plek waar meer kennis voorhanden is, dat onze dochter de diagnose autisme heeft, maar ook bijkomende problemen op het gebied van stemmingswisselingen en soms stemmen lijkt te horen. Dat we daar niet goed raad mee weten en hopen dat de gespecialiseerde autismeafdeling van het ziekenhuis ons daarbij kan gidsen. 'Maar we hoeven dus geen diagnosetraject op te starten?' vraagt de secretaresse. 'Niet per se, ik denk dat we met de huidige diagnose wel goed zitten. Maar ze wordt groter, er veranderen dingen, het wordt heftiger en ik zou graag alvast op de goede plek zitten, zodat jullie haar kennen.' Of ze me mag terugbellen? Tuurlijk.

Een halfuur later belt ze al, dat is vlot, dat schept vertrouwen. Dat het natuurlijk wel kan, overstappen, maar dat er een wachtlijst is. Van tien maanden. Slik. 'Dan wil ik haar graag alvast aanmelden. In de tussentijd blijven we dan gewoon waar we zijn. We hebben geen ruzie of zo, dus dat kan best.' Waarom we het niet bij de regionale ggz-instelling proberen? Wil ze me alsnog afschepen, wat is dit voor strategie? Ze neemt haar taak als poortwachter wel heel serieus. Die ggz-instelling heeft trouwens ook een wachtlijst van minimaal vier maanden, een halfjaartje meer of minder maakt dan ook niet meer uit. 'Ik heb heel goed rondgekeken en lang nagedacht op welke plek mijn dochter het best af is. Dat is bij u. Ik wil heel graag mijn kind bij u aanmelden. Als we daar tien maanden op moeten wachten, dan is dat maar zo.' Ik doe mijn best om beslist, maar niet boos te klinken. 'Nou goed,' gaat ze overstag, 'belt u dan morgen met de telefonische intakelijn, die zal een en ander met u doornemen en de papieren toesturen.'

'Naar aanleiding van de intake die u een paar weken geleden hebt gedaan voor uw dochter, heb ik een paar vragen, komt het uit dat ik u bel?' Hij stelt zich voor als psychiatrisch verpleegkundige, verrassend. Zouden we te licht bevonden zijn? Maar nee, zijn vragen spitsen zich al snel toe op het al dan niet stemmen horen en onze zorg daarover. Er blijkt een nieuw team geformeerd dat zich bezighoudt met de dwarsverbanden tussen autisme, psychoses, stemmingswisselingen en schizofrenie. Of het goed is om onze dochter daarvoor uit te nodigen? Goed? Ik spring een gat in de lucht! Want hoe eng het allemaal ook aandoet, en hoezeer ik ook hoop dat het loos alarm is, dit is precies waar ik naar op zoek ben. We maken een afspraak. Voor over drie weken. Dan zijn er van mijn eerste telefoontje tot de eerste afspraak drie maanden verstreken. Da's toch een stuk minder dan de tien maanden waarmee geschermd werd. Wat ben ik blij dat ik op dat moment heb durven volhouden. Duizendmaal dank aan de intuïtie weer.

DOOR

'Om halfdrie hè, zorg dat je op tijd bent!' drukt mijn oudste me voor de zoveelste keer op het hart. De uitslag van de audities wordt vandaag opgehangen op de dansschool en zal vanavond online staan. Maar tot vanavond kan ze niet meer wachten, dus ben ik zo gek dat ik beloofd heb om daar te gaan kijken. Ik ben er om 14.25 uur, er hangt natuurlijk nog niks, dus stel ik me strategisch op in een hoek van de kantine waar ik goed zicht heb op het prikbord van zowel de hal als de kantine. De gewonnen wedstrijdbekers puilen de glazen kast uit. Overal vrolijke dansteamfoto's aan de muur. Op het plankje gevonden voorwerpen staat een paar danssneakers, hoe kun je die achterlaten? Duur grapje ook. Achter de bar is de deur naar het kantoortje. Ik hoor een printer ratelen, zou dat de uitslag zijn? Het is er verder uitgestorven. Typisch stilte voor de storm. Over een uur stikt het hier van de kinderen, als de lessen na schooltijd losbarsten.

Halfdrie. Nog niks. De krant die ik met vooruitziende blik heb meegenomen, kan me niet boeien. Toch wel spannend dus. Uitgebreid heeft ze verteld hoe alles is gegaan. Hoe ze voor de spiegel moesten dansen (dat leidde enorm af), dat ze als eerste de choreo kon onthouden (uiteraard), dat er ook meiden waren die al in een ander selectieteam dansen (concurrentie), dat de muziek heel hard stond (lekker), dat er plaats is voor tien en dat er 23 auditanten waren (dat is een kans van bijna een op twee). Alle 23 kandidaten gaf ze vervolgens een cijfer en ze voorspelde welke tien geselecteerd zouden worden. 'En jij? Maak je kans?' vroeg ik voorzichtig. 'Ik weet het niet. Aan de ene kant wel, aan de andere kant niet. Er waren wel echt veel goede, hoor. Het zou wel kunnen, maar ik weet het niet.' Grappig, zo ken ik haar helemaal niet.

Een lang blond meisje loopt zoekend de kantine in. 'Hangt de uitslag er al?' vraagt ze me na het scannen van de prikborden. Heeft zij ook auditie gedaan? Ze is minstens drie jaar ouder (ze heeft al borsten, scan ik haar onbeleefd). Oef, ik weet niet of mijn dochter een schijn van kans heeft naast zulke meiden. 'We moeten nog even wachten, denk ik. Heb jij ook auditie gedaan voor het nieuwe selectieteam?' 'Ja! Ik vind het zo spannend, geen idee of ik kans maak, maar ik hoop van wel, het lijkt me zo leuk. Heeft uw dochter ook auditie gedaan? Hoe ziet ze eruit? Sorry, ik heb me nog helemaal niet voorgesteld. Ik ben Eva!' Aha, deze aardige beleefde spraakwaterval is Eva. Dan kan ik haar plaatsen in de ranking die mijn meisje van iedereen gemaakt heeft. Dit meisje heeft ze zonder twijfel als 'dóór' bestempeld. We praten wat heen en weer en als het kwartje valt wie van de vele kinderen mijn dochter moet zijn geweest, zegt ze spontaan: 'O, maar zij danst echt heel goed, hoor! Ze is vast door.' Lief. Als ze bij zulke meiden in het team komt, komt het vast goed.

Aha! Daar komt Barbara het kantoortje uitgelopen met een A4'tje in haar hand. 'Spannund...', zegt ze plagerig en houdt het blaadje dicht tegen zich aan. Ik krijg een vette knipoog. Betekent dat iets? Als ik opsta, zak ik bijna door mijn benen. Echt, ik voel me een bakvis bij een popconcert. Eva spurt naar voren en roept blij over haar schouder: 'Ze staat erbij, gefeliciteerd!' Zelf is ze ook door. Geweldig, wat een leuk begin van een nieuw avontuur. Taart!

KRABBELEN

'Hé, hoe kan dat nou? Sandra zei dat ze niet kon afspreken, maar nu zie ik dat ze met Anke op Hyves is. Ik zal d'r eens even krabbelen.' O jee, zit ze wéér achter dat ding. Ik betrap me erop dat ik de computer inmiddels – net zoals mijn moeder dat doet – uitscheld voor 'dat ding'. En dat terwijl ik graag de zegeningen predik van het digitale tijdperk. Sinds mijn dochter Hyves heeft ontdekt, is het gedaan met de rust als ze achter de computer zit. Eindeloos kijkt ze rond op profielpagina's, verzamelt ze 'vrienden' en knoopt praatjes aan met wie maar online verschijnt.

'Ehm, wát ga je dan precies krabbelen? Wel aardig blijven, hè.' Met argusogen houd ik haar in de gaten. Het is de afgelopen weken iets te vaak misgegaan. Waren ze in *no time* weer in een heftige scheldsessie verwikkeld en zie dat dan maar weer recht te breien. 'Nou, ik mag toch best zeggen dat het stom is als ze tegen mij zegt dat ze niet kan en dan met iemand anders gaat afspreken. Ze moet gewoon eerlijk zijn.' Ook al zo ingewikkeld, sinds ze op Hyves ziet wat iedereen met elkaar doet en welke logeerpartijtjes er zijn, voelt ze zich veel sneller buitengesloten dan toen dat nog onzichtbaar was omdat het zich buiten het schoolplein afspeelde. Zij wil ook een BFF (*Best Friend Forever*) bij wie je sentimentele 'inbrekertjes' plaatst omdat je elkaars wachtwoord kent. Maar eerst gaat ze Sandra eens flink de waarheid zeggen.

Ik grijp in. Want de uitglijders die ze maakt, staan meteen zwart op wit en worden op het schoolplein tegen haar gebruikt. Die zichtbare communicatie biedt ook kansen, natuurlijk; als ik ernaast zit, kan ik haar soepel door spraakverwarringen heen loodsen en dat kan niet op het schoolplein. Maar ingewikkeld is het wel.

WINTERDEPRESSIE

'Mama, kom je bij me zitten?' fleemt ze met een klein stemmetje. 'Tuurlijk lieve schat, ik kom er zo aan.' Ik verzamel wat dingen om te doen en installeer me op de bank, onze lekkere grote leefbank waar we wel met zijn zessen languit op kunnen liggen en hangen. Met de voetenbank die nooit meer van zijn plaats gaat omdat iedereen met de benen omhoog wil. Daar liggen we weer. Zij onder een dekentje, dicht tegen me aan gekropen, haar hoofd in een holletje onder mijn arm, en ik met de laptop op schoot en een kopje thee binnen handbereik.

Bijna knus, maar toch net niet. Mijn meisje is al wekenlang het liefst heel dicht bij me, ze verdraagt het zelfs niet als ik even naar boven wil om de was te doen. Dan loopt ze mee, gaat naast de wasmachine op de trap zitten en wacht tot ik klaar ben. Als ik boodschappen doe, gaat ze mee. Als ik eten kook, komt ze me 'helpen'. Als een schaduw volgt ze me en slaat het liefst dag en nacht haar armen om me heen. Ze speelt niet met vriendinnetjes, wil niet uit logeren, heeft buikpijn voor pianoles, zelfs bij dansles heeft ze hoofdpijn, ze krijgt haar werk niet af op school, ze krijgt haar huiswerk niet geleerd, ze lacht niet meer, ze wil niks meer, alleen maar onder een deken op de bank. Dicht tegen papa of mama aan.

Ik doe het met liefde. Ik zou willen dat het hielp. Hoe lang houd je zoiets vol? Hoe lang hou ik het vol? Maar steeds vaker ook denk ik: hoe lang mag zoiets duren voor een kind?

GEZWICHT

'Zullen we samen slapen?' vraagt mijn oudste aan haar zus. 'In mijn bed', zegt ze er meteen achteraan. 'Dat wil ik wel, maar waarom altijd in jouw bed? Waarom niet een keer bij mij? Dat kan toch ook wel een keer?' Goed zo, fluister ik in gedachten mijn jongste toe, en ik ben blij dat ze een keertje voor zichzelf opkomt. 'Nou, dan doen we het niet', is het botte antwoord. Bam, deur dicht, onderhandelingsruimte: nul.

Als ik ze 's avonds naar bed breng, met veel gekrakeel en geruzie over wie er nu niet met wie wil samenslapen en waarom, houd ik de jongste zo goed mogelijk uit de wind. Ze houdt stand. Maar als ik haar kom instoppen, ligt ze te huilen. 'Dat is toch niet eerlijk? Ik doe altijd wat zij wil. Ik mag toch ook wel eens iets doen wat ík wil?' En zo is het, ik ben trots op mijn jongste. Voor het eerst in lange tijd is ze niet gezwicht voor de druk die haar grote zus op haar uitoefent. Mijn troostende en prijzende woorden doen haar verzuchten: 'Ik wou liever dat ik niet zo'n zus had.'

Beneden installeer ik me op de bank met een lekker kopje koffie en sla de krant open. Trippeltrippeltrap, hoor ik boven op de overloop de voetjes gaan. Pie-iep, kraakt de deur van de oudste. Ik sluit mijn oren en weet al wat ik aantref als ik straks ga slapen: twee meisjes in het bed van mijn oudste. Het zij zo...

BUIKPIJN

'Mama, au, ik heb zo'n buikpijn, ik hou het niet meer uit. Wat moet ik nou doen?' Vanuit het niets begint het weer, nu al een paar dagen achter elkaar, telkens ergens tussen halfzes en zes. Ik weet vrijwel zeker dat er niks aan de hand is. Of nou ja, niks... We zijn van school veranderd, het huis staat te koop, het schooljaar is weer begonnen... Noem dat maar niks. Witjes zit ze tegenover me, haar blik hoopvol op mij gevestigd. Ik wil haar niet teleurstellen, maar wat kan ik doen? Ik heb alles al uit de kast gehaald de afgelopen dagen. Ze heeft zelfs voor het eerst in haar leven paracetamol geslikt. Misschien moeten we toch bij de huisarts langsgaan om te vragen of ze fysiek inderdaad helemaal in orde is. Ik kan immers wel braaf troosten, geruststellen, schema's maken en rots in de branding spelen, maar als ze een sluimerende blindedarmontsteking of iets dergelijks heeft, is er toch echt meer nodig. Aan de andere kant lijken we in een patroon terechtgekomen dat doorbroken moet worden. Misschien kan ik de wiebeltandtruc uit de kast halen: suggereren dat we naar de huisarts moeten als het binnen een week niet over is. Beetje gevaarlijk, want stel dat ze uit angst voor de dokter voor mij gaat verzwijgen dat ze pijn heeft. Maar wel een verleidelijke optie als ie zou kunnen werken.

'Wat zo gek is, lieve meid, het komt steeds aan het eind van de middag. Ik weet ook niet goed wat het is. Als je geslapen hebt, is het weer over. Misschien omdat er zoveel nieuwe dingen zijn die veel energie kosten, misschien omdat je zo hard aan het groeien bent. We hebben al van alles geprobeerd en toch komt het elke dag terug. Ik denk dat wat meer rust goed is voor je. We spreken af dat je vanaf nu een week lang tegelijk met je zusje naar bed gaat en als het dan nog niet over is, dan gaan we aan de huisarts vragen of hij raad weet.' 'De huisarts? Maar wat gaat hij dan doen? Ik wil dat niet!' is de voorspelbare reactie. De jongste mengt zich in het gesprek en vertelt dat de dokter dan je buik gaat voelen en ze bezweert haar dat de dokter ophoudt als het pijn doet. Mijn oudste heeft er geen vertrouwen in en jammert haar ellende eruit. Ik weet het ook niet meer. Het is donderdag, dus ik ga zingen. Ik sta op van tafel en pak mijn spullen bij elkaar. Vanaf hier moet mijn man het maar overnemen.

'Mama, jij mag niet weggaan. Ik mis je nu al!' Ze gilt het uit. Haar gekrijs gaat me door merg en been. 'Kom eens hier, lieverd, kom eens op schoot. Ik ga je precies vertellen hoe de rest van de dag eruitziet.' Minutieus vertel ik haar hoe het komende anderhalf uur eruitziet, stap voor stap. Ze kruipt dicht tegen me aan, ik voel haar lijfje langzaamaan ontspannen en op het eind hangt ze helemaal slap in mijn armen. 'Dat is fijn mam, wat je nou doet, dat je dat allemaal vertelt, ik word er helemaal rustig van.' 'Dat is mooi meis, dat doe ik graag voor je. Dat is handig om te onthouden dat je dat fijn vindt, dan kun je erom vragen als het nodig is', probeer ik er meteen ook maar een leermoment van te maken. Maar dat is misschien wat te veel gevraagd.

GDO

Met het overstappen naar een andere kinderpsychiater gaat ons meisje opnieuw door de molen. En wij ook dus. Ik zeg dat een nieuwe diagnose niet nodig is, maar dat werkt zo niet. Ach, ik wil ook wel snappen dat het hun manier van werken is. Dat ze zo hun patiënten, cliënten of hoe we ook mogen heten, leren kennen. Maar toch. Gedoe. We willen graag ouderbegeleiding en dat kan, zeggen ze. 'Maar eerst willen we nog graag een GDO.' 'Een wat?' 'Een gezinsdiagnostisch onderzoek', zegt de psycholoog. Maar dat zegt me nog niks. 'De systeemtherapeut heeft dan een gesprek met uw hele gezin in de spiegelkamer. Wij – de kinderpsychiater, de coassistent, iemand van de ouderbegeleiding en ik – kijken dan mee en dat helpt ons een beeld te vormen van uw gezinssituatie.'

Hm, ik weet niet goed wat ik daarvan moet vinden. Willen ze dan kijken of het toch aan ons ligt? Kijk, dat de eerste afspraak in het academisch ziekenhuis in de spiegelkamer plaatsvond, was even schrikken bij binnenkomst, maar uiteindelijk vond ik het ook wel efficiënt. Daarna splitsten we op en ging onze oudste met de kinderpsychiater mee en hadden wij een gesprek met de psychiatrisch verpleegkundige, die ook ouderbegeleiding geeft. Maar met zijn allen in de spiegelkamer om ons als gezin te laten bekijken, dat voelt niet lekker. Daar belasten we bovendien de jongste mee. En hoe zeggen we dan tegen de kinderen wat we gaan doen?

De psycholoog zit mij aan te kijken en wacht op een signaal of ik haar uitleg begrepen heb. Als ik bezwaren opper, zijn we meteen verdacht, natuurlijk. Aarzelend zeg ik dat ik daar even over moet nadenken. Ik kijk mijn man aan om te polsen wat hij ervan denkt. Hij vindt het allemaal wel goed, wat moet dat moet. 'Het is wel belangrijk om dat snel te beslissen. Omdat er zoveel mensen bij betrokken zijn, kost het over het algemeen een week of zes voordat we een GDO kunnen inplannen', voert de psycholoog de druk op. 'Zes weken?' roep ik uit. 'En gebeurt er al die tijd dan verder niks?' 'Nou, tja, het GDO is voor ons een cruciaal onderdeel in het diagnostisch traject, het bepaalt immers mede de invalshoek voor het verdere traject.' Ik ben stomverbaasd. Ik weet nu al wat er uit dat hele G-D-O gaat komen, niks namelijk. Hoe leg je aan een kind van tien uit dat al die testen die ze heeft gemaakt, pas over, op zijn vroegst, twee maanden besproken worden?

Welkom in de wereld van het academisch ziekenhuis. Volgens mij is de coassistent die het onderzoek opgestart heeft, tegen die tijd alweer bijna vertrokken. Als we terug naar huis rijden, vraag ik me hardop af of we er goed aan gedaan hebben om over te stappen. Misschien is dit wel de plek waar veel kennis is, maar dat wil blijkbaar nog niet zeggen dat je daar als ouder mee geholpen bent.

OPSTAAN

Kwart voor zeven in de ochtend, wat is het nog donker, het lijkt wel nacht. Mijn oudste ligt in diepe rust. Haar lange haren liggen als net gegooide mikado om haar hoofd gestrooid. Ik knip een lampje aan. Ik draal nog wat, al is daar eigenlijk geen tijd voor. Met een diepe zucht zet ik mij naast haar op het bed. Stevig aai ik dat gestaag groter wordende lijf, met de stille hoop dat ik haar zo kan helpen een zachte droomlanding te maken. Geen reactie. Ik streel haar wang, die lieve, zachte, ontspannen wang. Nu nog wel. Heel even nog. Ik aai haar haren bij elkaar en schrik alsnog als er beweging komt in het meisje.

Kreunend kruipt ze onder de dekens. 'Nee mama, nee, ik wil niet opstaan, ik kan niet opstaan. Ik heb zo'n verschrikkelijke buikpijn, laat me hier nou liggen.' En wéér begint de ochtend met tranen, nu al zes weken op rij. Wéér verzamel ik mijn kracht, mijn positiviteit en blijf ik ogenschijnlijk onbewogen onder haar litanie aan klachten. Want ik weet dat ze niet ziek is, althans niet fysiek. Maar ze is wel zo bang en droevig dat ze er fysiek ellendig van is. Vooral nu het donkert. Straks knapt ze op, ik weet het, want dat gebeurt elke ochtend. Straks als we het schoolplein op lopen, keurt ze me geen blik meer waardig. Tot het halfvijf wordt en het gaat schemeren. Dan komen de tranen weer.

Maar nu eerst de ochtendtranen weerstaan. Vanavond is vanavond, daar denk ik gewoon nog even niet aan. Ik ben zo moe. Hoe lang gaat dit nog duren? Kom op, nu niet versagen, ik moet er voor mijn dochter zijn. Ik zet mijn vriendelijke, rustige, robuuste stem op en zeg: 'Kom, opstaan. Ik weet dat je buikpijn hebt en dat is naar, maar we gaan gewoon opstaan. Kom maar.'

MEDICIJNEN

Daar zitten we weer. Op adviesgesprek bij de kinderpsychiater. Wat een verschil met vijf jaar geleden, toen voor het eerst het woord autisme viel. De zwarte wolken die zich toen boven mijn hoofd samenpakten, deden me duizelen en verbrokkelden de tekst van de arts tot vage flarden. Ik voel me zoveel sterker geworden, alsof ik gegroeid ben in mijn rol als ouder van een kind dat niet volgens de boekjes groot groeit. Ik ben benieuwd of de bevindingen van de kinderpsychiater overeenkomen met wat wij dagelijks thuis ervaren. Deze keer was het diagnosetraject immers vooral voor hen bedoeld, zodat zij ons en onze dochter leren kennen, en niet zozeer omdat wij met de handen in het haar zitten. Nou ja, dat was tenminste zo toen we daar drie maanden geleden aan begonnen. In de tussentijd is er een hoop veranderd. Of het nu de overstap naar de nieuwe school is, of ons besluit om te verhuizen, of gewoon een hele slechte winter – ik weet het niet, maar ons meisje is de laatste weken zo verschrikkelijk bang en droevig dat er geen land meer met haar te bezeilen is. Het zou fijn zijn om het daar vandaag ook nog even over te hebben.

Terwijl ik zo mijn gedachten en gevoelens orden en rondkijk in de grijze spreekkamer met beige gevlekte kuipstoeltjes – de zoveelste non-descripte ruimte die we in dit gebouw betreden – bespreekt de kinderpsychiater de afgenomen testen. 'Bij de intake dachten we veel ADHD-kenmerken te zien, maar dat komt niet tevoorschijn bij de testresultaten, ze scoort juist extreem hoog op de concentratietest.' Dat had ik ze meteen wel kunnen vertellen. De bewegingsonrust van mijn kind wordt veroorzaakt door de verstoorde prikkelverwerking die met haar autisme samenhangt, en haar gepraat van de hak op de tak door haar moeite om samenhang te zien, het niet op haar beurt wachten en haar directe manier van doen hangen samen met zich niet verplaatsen in de ander – maar laat ik me niet ergeren, ze moeten natuurlijk zelf constateren wat voorliggend is.

'Wel gek', zegt de ouderbegeleider, 'dat ze dan juist bij de aanwijstest weer zo laag scoort. Die leek haar echt te frustreren, terwijl die juist heel verwant is aan de concentratietest.' Als ik doorvraag, blijkt het bij die test de bedoeling om, wanneer er een piep klinkt, iets op het scherm aan te wijzen. Ik suggereer dat die piep voor haar dusdanig onaangenaam is geweest dat ze erdoor van slag raakte, bang werd dat die piep weer ging komen en daar zo mee bezig was dat ze zich niet meer op de test kon richten. De kinderpsychiater knikt instemmend, dat zou het wel eens kunnen zijn inderdaad, vooral omdat ze auditief zeer gevoelig blijkt te zijn. Ik vraag me dan weer af of ze daar niet vaker tegenaan lopen bij kinderen met autisme en misschien wat aan die test moeten doen, maar dan ga ik vrees ik te veel op de stoel van de deskundigen zitten, dus ik houd mijn mond maar verder. Alles bij elkaar genomen kunnen ze zich vinden in de eerder gestelde diagnose autisme, waarbij aangetekend wordt dat men zich ernstig zorgen maakt over het negatieve zelfbeeld en de depressieve symptomen.

'Uit het gezinsdiagnostisch onderzoek kwam naar voren dat jullie bekwame ouders zijn en zoals we nu ook samen in gesprek zijn, valt me op dat jullie al heel veel kennis hebben over autisme in het algemeen en jullie dochter in het bijzonder. Op dat gebied valt weinig winst te boeken. We willen eigenlijk voorstellen, maar daar moeten jullie maar rustig over nadenken, om ter ondersteuning medicatie aan te bieden.' Oef. Wat komt er nu opeens uit de hoge hoed? Dat overvalt me. En ook weer niet, merk ik meteen. Het is fijn om te horen dat ze vinden dat wij het goed doen en ze nemen ons dus serieus als we zeggen dat het zwaar is. Maar medicijnen? Is het echt zó erg? Ik zoek naar woorden en probeer te snappen waar de brok in mijn keel plots vandaan komt. Ik kijk opzij naar mijn man, probeer zijn gedachten te peilen en zeg dan dapper: 'Dat overvalt me even. Maar het is misschien wel iets om serieus te overwegen. Aan wat voor soort medicijnen denken jullie dan?' 'We denken dat methylfenidaat een bodem kan leggen die het voor jullie wat gemakkelijker maakt', zegt de kinderpsychiater en ze knikt ons bemoedigend toe. Methylfenidaat, methylfenidaat, koortsachtig zoek ik in mijn hoofd wat dat ook alweer is. Huh? Er gaat een lichtje branden; dat is toch hetzelfde als ritalin? Voor ADHD? Wat ze niet heeft? En hoezo maakt dat het voor ons gemakkelijker? Áls we al medicijnen gaan geven, dan moet dat toch juist iets voor onze dochter betekenen, niet in de eerste plaats voor ons?! Zijn ze nou helemaal gek geworden?!

Voordat mijn ontsteltenis met me aan de haal gaat, grijp ik me in de kraag: kom op, kop erbij houden, vragen stellen en samen zoeken naar wat goed is. 'Ik weet het niet, ze is natuurlijk erg druk, maar daar hebben we wel mee leren omgaan. Waar we veel meer zorgen over hebben, is dat ze zo vaak angstig en somber is. Dat zit haar dusdanig in de weg dat het haar belemmert in haar ontwikkeling. Geen idee of daar met medicijnen in bij te sturen is, maar volgens mij zouden we het in die richting moeten zoeken.' Gelukkig, de kinderpsychiater luistert belangstellend en voelt zich niet aangetast in haar beroepseer. Het gesprek gaat plots niet langer over óf we medicijnen zullen toedienen maar wélke. Mijn man vertelt hoeveel baat hij heeft bij zijn antidepressivum, hoe het hem door de winterdepressies heen helpt en ook daarbuiten het leven draaglijker maakt. Dat klopt, ik heb het zien gebeuren, als een mirakel.

Ik hoor hun stemmen steeds verder weg. Wie heeft die dikke wollen deken over me heen gegooid? Alles in me wordt zwaar, de lucht in mijn longen voelt massief. Niet handig om hier en nu zo verdrietig te zitten worden, kom d'r weer eens even bij, roep ik mezelf tot de orde. 'Als we zo alles op een rij zetten, lijkt fluoxetine een betere zet dan methylfenidaat. U hoeft nu nog niet te beslissen, slaap er een nachtje over en bel dan als u eruit bent. We hoeven daarvoor geen aparte afspraak te maken, dat kan gewoon via de assistente lopen. Dank je wel voor dit fijne en open gesprek', sluit de arts het gesprek af. Terwijl we naar de auto lopen, strijden ongeloof, verdriet en hoop om voorrang. *Total loss* stap ik in aan de passagierskant. Mijn man moet ons maar naar huis rijden. Dat lukt me even niet.

KOOR

Ik loop door de stad, op weg naar mijn koor. De donderdagavond heb ik heilig verklaard, wat er ook gebeurt, die avond ga ik zingen. Maar vandaag loop ik met lood in mijn schoenen. Het gesprek met de kinderpsychiater laat me niet los. Eigenlijk was mijn vertrek zojuist één groot pleidooi voor haar suggestie om met medicijnen te starten. Mijn oudste klampte zich huilend aan me vast toen ik wilde gaan en mijn map en standaard inpakte. 'Je mag niet weggaan. Ik kan je niet missen. Ik wil bij jou zijn. Ga nou niet weg. Toe nou mama, blijf nou, één keertje maar.' Bruut heb ik mij losgescheurd, haar een zoen op het hoofd gegeven en gezegd dat ook papa goed voor haar kan zorgen. 'Dag lieve meis, slaap lekker straks, tot morgen!' In een mist van tranen ben ik naar de auto gelopen. Heb mij vermand, de tranen weggepoetst en ben op weg gegaan naar de stad.

De feestverlichting kleurt de straten goudgeel, luidkeels lachende studenten scheren op hun fietsen rakelings langs me, in de etalages is het Sint en Piet wat de klok slaat – het doet potsierlijk aan. Verdoofd loop ik van de parkeerplaats naar de repetitieruimte. Stap voor stap, op de automatische piloot. Want ik moet gaan zingen. O nee, ik wíl gaan zingen. Medicijnen voor mijn meisje, ik weet het niet. Ik voel mijn wangen plots koud worden, er blijken tranen overheen te stromen. Ik lijk wel lek, wat is dit nou? Toe maar, laat maar even gaan dan, het moet er blijkbaar uit. Midden op straat loop ik hartverscheurend te huilen. Laat ze maar kijken, wat kan mij het schelen. Ik sluit me af en voel hoe alles schokt en krampt in mijn romp. Wat is dat nou? Gaat dat over die medicijnen? En als ze nou diabetes had, dan gaf je het haar toch zonder mankeren, wat is het grote verschil? Ik kom er niet bij. Ik besluit het even op te bergen en grabbel mezelf bij elkaar. Precies als ik bij de voordeur van de repetitieruimte ben, heb ik mijn adem weer onder controle.

We zingen in. Meestal ben ik na tien minuten de buitenwereld vergeten en bestaat alleen de muziek nog. Vandaag niet. Telkens dringen flarden van buiten tot me door. Ik duw ze weg, concentreer me op de noten, luister aandachtig naar de dirigent. Hij wil dat we zelfstandiger gaan zingen en zet ons door elkaar. Weg is mijn houvast, weg het comfortabel meezingen met de buurvrouw. Dat is natuurlijk ook wat hij wil, maar vandaag heb ik daar niet zoveel moed voor. Ik wil geborgen zijn en even meedeinen in plaats van alsmaar groot en sterk en dapper zijn. Er rolt alweer een traan over mijn wang. Ik loop de repetitie uit om verder niemand tot last te zijn. In de schaars verlichte hal laat ik mijn tranen de vrije loop. Het stopt niet meer. Ik huil en ik huil en weet bij god niet meer hoe ik zou kunnen stoppen. Telkens als ik denk dat het klaar is, begint het opnieuw. 'Ik kan het niet alleen', 'Ik ben niet genoeg', 'Hier houdt het op', galmt het door mijn hoofd. En beetje bij beetje begrijp ik dat dáár de pijn zit. Dat mama-zijn niet toereikend is om mijn kind te helpen en dat ik doodsbang ben om haar over te leveren aan anderen, om te beginnen aan de medicijnen. Maar het moet, want met alleen mijn hulp gaat ze het niet redden. En ik dus ook niet.

PATROON

'Mama, ik voel me niet lekker', zegt ze als ze thuiskomt van haar danstraining. Ze rolt zich op onder een dekentje op de bank. 'Dat weet ik, lieve kind, naar voor je. Kom, pak je spullen, we gaan naar het logeerhuis.' Ik voel me een hardvochtige bitch. Ik weet dat ze niet ziek is. Ik weet dat ze straks, als ze er eenmaal is, als een blad aan de boom omdraait. Net als die kindjes die huilend worden achtergelaten op de crèche en na vijf minuten hun ouders vergeten zijn. Waarop die ouders de rest van de dag thuis of op het werk met een knoop in hun buik zitten en de kinderen vrolijk spelen, zich van geen kwaad bewust. Maar dit kind is geen dreumes meer. Ze is tien. 'Maar mama, ik heb echt heel erge buikpijn...' Kreunend komt ze overeind. Ze komt overeind, gelukkig, stel je voor dat ik haar bij kop en kont zou moeten oppakken om haar in de auto te krijgen, ik weet niet of ik dat zou kunnen. 'Wil jij mijn tas dragen?' vraagt ze met alle zieligheid die ze in zich heeft. Vooruit dan maar, als dat helpt om haar mee te krijgen.

Mijn man is aan het werk, de jongste heb ik ondergebracht bij een vriendinnetje, die heeft geen zin om mee op en neer te gaan – ik geef haar geen ongelijk. Ik onderdruk het ongeduld dat in mij groeit, haal diep adem om mijn lijf te blijven voelen, plant mijn voeten stevig op de grond en verzamel de onverzettelijkheid die nodig is om weg te komen. 'Ik moet nog even naar de wc', zegt ze als we bij de voordeur zijn en laat mij verloren achter in de gang. Mooie boel, daar sta ik dan, met haar tas in mijn hand. Het duurt niet lang, dat valt weer mee. 'Mama, ik had net echt heel erge diarree.' Ik geloof het onmiddellijk. Haar buik lijkt op commando van slag te kunnen zijn. Vorige keer moesten we op weg naar het logeerhuis ook al een tussenstop bij een benzinepomp maken. O, wat erg om dat te denken, schrik ik van mezelf. Zo bedoel ik het ook niet, ik doe alleen mijn best om me niet te laten afleiden van ons doel. Mijn doel, beter gezegd. Want ík wil dat ze gaat logeren. En als ze nou wel ziek is? Dat ik verblind door mijn aannames haar ziek wegbreng? Dat zou toch vreselijk zijn? Wat ben ik dan voor moeder? Niet gaan twijfelen nu, waarschuw ik mezelf, doorgaan en niet versagen.

'Mama, ik denk dat ik weer naar de wc moet', zegt ze als we net op de snelweg rijden. Vroeger hadden we dat vaak. Als ze dan zei dat ze moest plassen, moesten we acuut stoppen, het concept 'ophouden' kregen we er niet in. In het begin wisten we niet of ze het telkens te laat voelde of juist andersom, dat ze iedere minieme plasprikkel als hoge nood voelde. Op de lange ritten naar Frankrijk konden we oefenen onder het mom 'zoeken naar een benzinepomp'. Nu heeft ze het vertrouwen dat ze het niet meteen in haar broek doet als we niet onmiddellijk stoppen, maar het blijft kwetsbaar. En diarree laat zich moeilijk ophouden. Wat nu? 'Kun je het ophouden tot we bij het logeerhuis zijn?' probeer ik. 'Nee, dat gaat echt niet! Kijk, daar is een benzinepomp!' dringt ze aan. Vooruit dan maar, ik wil ook geen ontaarde moeder zijn. Al dreigt nu het gevaar van een patroon. Vorige maand gestopt, deze maand weer, dan kun je er vergif op innemen dat we bij het volgende ritje naar het logeerhuis ook weer moet stoppen.

'Mama, ik moet alweer naar de wc', zegt ze als we een paar kilometer verder zijn. Onderzoekend kijk ik haar aan. Als ik nu toegeef, wordt het een lange weg. 'Je mag wel mee hoor, als je me niet gelooft!' bijt ze me toe als ik niet meteen reageer. Wat zal ik doen? Negeren, met als risico dat ze het in haar broek doet, of dat ze zo boos wordt dat het gevaarlijk is om verder te rijden. Of haar volgen en me erbij neerleggen dat we in het uiterste geval van benzinepomp naar benzinepomp gaan rijden en een oplossing bedenken voor de volgende keer.

'Ik denk ook dat ik misselijk ben', gooit ze er nog een schepje bovenop. Dat maakt het niet gemakkelijker. Want door erin mee te gaan, help ik haar niet. Ze doet het niet expres en ze voelt zich vast echt ziek, maar het zijn geen strategieën om aan te moedigen, bewust of onbewust – ratelt de huis-, tuin- & keukenpsycholoog in mij. 'Mama, wat gaan we nou doen?' vraagt ze met een klein stemmetje, terwijl het in mijn hoofd nog lang niet helder is. Ik kies eieren voor mijn geld. Ik kies voor mama-zijn, de makkelijkste weg, die straks voor moeilijkheden zorgt, en rij met volle vaart het volgende benzinestation binnen. Logeerhuis, we zijn wat later...

PILLETJES

Ze is misselijk, heeft hoofdpijn en wil nu helemaal niet meer onder haar deken op de bank vandaan komen. Wat een ellende om met dit soort medicijnen te starten; je krijgt eerst de bijverschijnselen voordat je merkt of en hoe het in positieve zin gaat werken. Ze huilt twintig minuten hartverscheurend met gierende uithalen, alleen maar omdat het rekenen op school te moeilijk zou zijn. Dat is niet nieuw, dat kennen we van de afgelopen weken. 'Ach, wat zou het heerlijk zijn als dat straks voorbij is', klinkt een hoopvol stemmetje in mijn hoofd. 'Over zes weken kunnen we pas zeggen of het iets doet,' zei de kinderpsychiater, 'en de eerste week zijn de bijverschijnselen het ergst.' Dus houden we dapper vol. Ik zou mijn kind zo graag wat extra willen vertroetelen, maar voor je het weet creëren we dan een nieuw patroon en raken we van de regen in de drup. Dus stoer sturen we haar naar school met een paracetamol, koken haar lievelingskostje en zitten geduldig aan haar bed als ze niet kan inslapen. Tussendoor houd ik haar met argusogen in de gaten, alert op al te heftige bijverschijnselen en gedragsveranderingen, hopend op een klein signaal dat we de goede weg zijn ingeslagen.

Een kwart pilletje innemen kostte de eerste week dagelijks drie kwartier kokhalzen. Vanilleyoghurt is nu het tovermiddel waarmee het lukt om het naar binnen te krijgen. We worden allengs handiger, zij het met veel misbaar van haar kant en oneindig geduld van onze kant. Zo bouwen we op naar een half tablet (in twee kwartjes uiteraard) per dag en het lukt al om die in tien minuten naar binnen te krijgen. Helaas doet het nog niet zoveel, dus na vier weken maken we de stap naar een hele pil. Opnieuw dikke tranen, want nu moet ze dubbel zoveel kwarten naar binnen werken. 'Zullen we dan twee halve doen?' probeer ik de smart te verkleinen. Ze kijkt me aan of ik gek geworden ben en wil het niet eens proberen.

'Ik heb zo'n buikpijn', zegt ze in week zes. De ergste misselijkheid is voorbij, de hoofdpijn houdt nog aan en nu dus buikpijn. Gewone spanningsbuikpijn of is het wat anders? Moeilijk gissen. Gister durfde ze voor het eerst sinds maanden alleen naar boven te lopen. Het voelt als een beginnetje van iets nieuws, al is het nog pril. 'Ik zal straks een kruik voor je maken, dat helpt vast', zeg ik. 'Denk je dat ik ongesteld word?' vraagt ze bezorgd. 'Nee hoor, lieve schat, warmte op je buik is altijd fijn.' 'O, oké', is haar berustende antwoord. Geen vragen verder? Geen gedram? Dat is nieuw...

Een week later zegt ze *out of the blue*: 'Waarom voel ik me zo gelukkig terwijl ik daar geen reden voor heb?' Alle hoop-lampjes springen aan in mijn lijf, maar ik laat niets merken en zeg dat het fijn is dat ze zich zo goed voelt. Misschien is ze blij omdat ze eindelijk een paar dagen geen hoofdpijn heeft gehad, temper ik mijn hoop.

'Als Maud straks op school stom doet, ga ik me er niks van aantrekken!' zegt ze weer een week later bij het ontbijt. Om er meteen verwonderd aan toe te voegen: 'Zo hé, wat denk ik positief. Zou dat door de pilletjes komen?' Het voelt alsof we op de goede weg zijn...

COMPASSIE

'Ik heb een idee, maar ik weet niet wat jullie ervan vinden, dus je moet gewoon eerlijk tegen me zijn, beloofd?' zegt onze beste vriend, tevens peetoom van de oudste, raadselachtig aarzelend. 'Denk je dat mijn petekind het leuk zou vinden om in de zomer een week te komen logeren? Ik heb daar goed over nagedacht, en het ook met mijn man besproken. Ik zou dat heel graag voor jullie doen. En het lijkt me ook heel gezellig! Ik baal dat ik haar zo weinig kan zien. Dat komt natuurlijk omdat we zo ver uit elkaar wonen, had ik maar nooit naar het buitenland moeten verhuizen, maar ik voel me een waardeloze peetoom zo. Ik dacht: ze is nu misschien wel groot genoeg voor zo'n avontuur?'

Terwijl hij nog doorpraat, beginnen bij mij de radertjes te draaien. Of zij het leuk vindt, daar hoef ik niet lang over na te denken. Dat gaat ze geweldig vinden! Sowieso geniet ze van een-op-een aandacht en dan ook nog van haar lievelings-'oom'. Maar een week is misschien wel wat lang voor de ontvangende partij? Ze hebben geen idee wat ze zich op de hals halen, ook al hebben ze erover nagedacht. Aan de andere kant, meanderen de gedachten onstuitbaar voort, is het een geweldige kans om onze splitsvakantie zonder schuldgevoel te houden. Als we haar wegbrengen en een paar uur verderop vakantie vieren met de jongste, slaan we twee vliegen in één klap. Dan kunnen we misschien wel naar Italië, jubelt het plots in mijn binnenste. 'Het is ook sinds ik jouw boek gelezen heb dat het me niet meer loslaat,' hoor ik hem plotseling zeggen, 'op de een of andere manier snap ik nu beter waar jullie dagelijks mee te maken hebben. Mag ik alsjeblieft op deze manier iets voor jullie doen?'

Die had ik niet zien aankomen. Verrast kijk ik hem aan. Ik vecht niet tegen de tranen die opwellen. Sinds *IJskastmoeder* is verschenen, krijg ik ontroerende reacties van zoekende ouders, betrokken omstanders en ook van mensen die zich met terugwerkende kracht schamen voor hun vooringenomen reacties op een 'lastig' kind. Leerkrachten, doktersassistenten en andere professionals mailen me om te zeggen hoe waardevol ze het vinden om 'de andere kant' te horen. Maar het onverwachte bijeffect is ook dat mijn eigen omgeving met grote compassie reageert. 'Sorry, dat ik op dat feestje zei dat je er niks van ziet,' mailt een kennis, 'ik snap nu dat het geen compliment was. Het spijt me.' 'Als ik ooit iets voor je kan doen, laat je het me dan alsjeblieft weten? Ik wil dat echt, al weet ik (nog) niet hoe', schrijft de vrouw van een koorgenoot op een lief kaartje. Ik ben er verlegen mee. Dat hoeft helemaal niet en daar was mijn geschrijf ook niet om begonnen. Toch doet het me deugd. Ik voel me minder alleen. Zelfs als alles blijft zoals het is, voel ik me toch gedragen. Het klinkt wat soft, maar zo voelt het wel. En nu dus dit genereuze aanbod voor een zomerse logeerpartij. Ik denk dat we het maar gewoon moeten gaan doen!

EINDSHOW

Nu ze in een selectieteam danst, gaat ze bij de grote eindshows van de dansschool in meerdere voorstellingen dansen. 'Precies wat ik wou, hè mam? Al sinds ik vijf ben wil ik dat en nu mag het ook echt!' Verbaasd maar vooral met bewondering zie ik hoe intens ze zich verheugt. Mijn meisje van extremen. Ze kent diepe dalen, maar wat heerlijk dat ze ook zo kan pieken. Ik zie ook hoe ze via het dansen haar grenzen oprekt. Hoe de wil het wint van de angst. Indrukwekkend hoeveel ze weet te overwinnen. De eerste danswedstrijd waar ze dit jaar aan meedeed, bezorgde haar slapeloze nachten. 'Hoe groot is het podium?' 'Hoeveel mensen zitten er in de zaal?' 'Waar zit de jury?' 'Mag je de jury aankijken?' 'Zijn de kleedkamers voor ons alleen?' 'Mag ik daar ook wat drinken kopen?' 'En als ik iedereen nou kwijtraak?' 'Ik ben bang dat ik ga vallen en dan verpest ik het voor iedereen.' 'Ik wil niet mee carpoolen en er mag ook niemand met ons mee.' 'Ik moet een hoge staart, kan jij dat wel?' Eindeloos veel vragen, in een *loopje* dat niet stopt.

We googelen de locatie. Het is een sporthal, dat helpt niet om er een beeld bij te krijgen. Ik teken hoe ik denk dat ze de sporthal indelen, vertel dat er een schema komt waarin dansgroepen omkleedruimte krijgen, spreek af wat we aan eten en drinken meenemen en beloof dat ze één keer wat mag kopen, zeg dat we bij binnenkomst een plek afspreken waar we elkaar altijd kunnen terugvinden en overtuig haar dat dansjuf Barbara goed voor de groep zal zorgen. 'Hoe weet jij dat allemaal?' vraagt ze argwanend. 'Omdat ik groot ben', zeg ik boud en tot mijn eigen verrassing is dat een afdoende verklaring.

Het fijne van de eindshows is dat ze de routines na vijf jaar dansschool vanbinnen en vanbuiten kent. Ze kan zich nu dus gewoon verheugen. Dacht ik. 'Mama,' piept haar stemmetje twee weken voor de eindshows, 'als ik met mijn gewone team moet dansen, moet ik óók met het selectieteam dansen, hoe moet dat dan met omkleden?' 'Nou gewoon, net als anders.' 'Ja, maar normaal moet ik één keer voor de pauze en één keer na de pauze, dan is er heel veel tijd. Nu moet ik ook nog de selectieteamdans, de combidans én de einddans. Wat als er niet genoeg tijd is om kleren te wisselen? Of als ik mijn spullen kwijt ben? En hoe weet ik wat we gaan doen?' Ik mag niet meehelpen achter de schermen, zoals andere moeders doen, dus dat is geen oplossing (volgens haar kan ik niet make-uppen en haren doen; zelf denk ik dat ze die botsende werelden niet verdraagt, afgelopen jaren heb ik stiekem geregeld dat een andere moeder een oogje in het zeil hield).

'Zou het fijn zijn om één vast iemand te hebben die bij jou blijft en helpt?' 'Dat kan toch helemaal niet. Dat heeft niemand!' zegt ze boos. 'Als dat voor jou helpt, weet ik zeker dat Barbara dat goed vindt en dan regelen we dat.' 'Nou, ik weet het niet, hoor. En zeker geen moeder.' Dat is toch een voorzichtige opening. 'Misschien een van de grote meiden van een ander selectieteam?' opper ik als alternatief. 'Die hebben het ook veel te druk en die bemoeien zich alleen met de kleintjes, de kleuters en zo. Ik ben al groot.' Oké, ingewikkeld. 'En als we Camilla vragen?' Haar ogen lichten op, ze recht haar rug. Camilla is de favoriete oppas en ze danst ook intensief, dus kent ze het klappen van de zweep bij zulke shows. Ze is jong, vrolijk, energiek, een tikje getikt en ze organiseerde op haar dertiende al kinderfeestjes voor de buurtkinderen. 'Dat wil ze toch niet', zegt mijn meisje vervolgens mismoedig. Maar ik mag het wel gaan vragen. We hebben een oplossing in zicht. Als ze even later op haar kamer keurige stapeltjes kleren ordent voor elke dans, weet ik dat we op het goede spoor zitten. Kom maar op, eindshow!

KOFFIE

Zo, hèhè, eindelijk even zitten. De dag is nog niet voorbij, want de oudste moet nog naar bed, maar nu de jongste erin ligt, ben ik wel toe aan een bakje koffie. De oudste mag tegenwoordig langer opblijven. Ik merk dat ik daaraan moet wennen en zoek naar nieuwe avondroutines. Het halfachtjournaal heb ik al in geen eeuwigheid meer gezien, maar misschien kan ik af en toe het achtuurjournaal gaan kijken? Misschien wel samen met haar, krijgt ze meteen iets mee van de wereld. Er valt nog genoeg uit te leggen ook. Of zou het journaal daar te snel voor gaan? Dat zit er eigenlijk wel dik in, mijmer ik een beetje in het rond, terwijl ik de laatste rondslingerende kinderdingen wegwerk om het huis weer van mij te maken.

'Mama, zal ik koffie maken voor jou?' Ik weet niet wat ik hoor, dat heeft ze nog nooit gevraagd! Blijkbaar voelt het voor haar ook 'groot' dat ze nu nog beneden mag zijn. Daar gaan we eens even dankbaar gebruik van maken, wie weet krijg ik dan wel elke avond koffie... Ik leg haar uit hoe ze water en koffie afmeet en hoe de melkklopper werkt en ga op de bank zitten. Met één oog op het journaal en twee oren bij de onhandige geluiden vanuit de keuken verheug ik me op wat komen gaat. Het weer is al begonnen als ze voetje voor voetje naar binnen schuifelt met een boordevolle beker. Voorzichtig zet ze 'm neer. 'Wil je er iets lekkers bij?' Aha, daar komt de aap uit de mouw, denk ik heel onaardig. Ik slik het in, zeg: 'Nee hoor, alleen koffie is genoeg voor mij.' Er trekt een schaduw over haar gezicht. 'Mag ik ook iets drinken dan?' vraagt ze nors. Ze komt terug met een groot glas siroop en een stuk chocola. Om de pret niet te bederven, zeg ik er niks van en trek mijn benen op zodat ze bij me kan komen zitten.

'Hahaha, wat ziet die meneer er gek uit, hij past helemaal niet in zijn jasje. Het heet zeker meneer knap-uit-mijn-pakkie, hahaha.' Ik schiet in de lach en probeer nog iets van het weer mee te krijgen tussen haar gekakel door. Wanneer ik naar mijn koffie reik, knalt ze vol haar been tegen mijn arm, waardoor ik uitschiet en de koffie omvalt.

'Kutwijf!' schreeuwt ze de idylle aan flarden. Ze is woest, ze schreeuwt, ze huilt en probeert me te slaan.

Haar sok is nat. En dat is mijn schuld.

HULP, HELP

'Tja, ik weet niet of dat nou bij ouderbegeleiding thuishoort', schuttert de ouderbegeleider onhandig als ik uitleg waarom we ook graag voor onszelf begeleiding willen. 'Uit het gezinsdiagnostisch onderzoek blijkt dat jullie het heel goed doen, dus ik heb jullie eigenlijk niet zoveel te leren.' Even bekruipt me het gevoel dat hij zich op de vingers gekeken voelt omdat ik zelf ook ouderbegeleider ben, maar ik weet niet of dat klopt. Of denkt hij dat we evenveel kennis in huis hebben en hij me daarom niets te bieden heeft? Dat ik andere ouders help, wil toch nog niet zeggen dat ik een goede hulp voor mijzelf ben? We zijn dat hele diagnosetraject opnieuw gaan doen omdat het de enige manier was om binnen te komen. Niet omdat we behoefte hebben aan verse stempels, maar omdat we aan een langetermijnrelatie willen bouwen, zodat ons meisje gekend is als er straks onder invloed van hormonen mogelijk gecompliceerde situaties ontstaan. We willen graag ouderbegeleiding omdat we behoefte hebben aan iemand die naast ons staat en meedenkt. Die helpt de weg terug te vinden als wij hem kwijtraken. Die ons leert kennen, die wij leren kennen, zodat we ons in slechtere tijden in vertrouwde handen weten.

'Laten we drie keer afspreken en dan kijken of het werkt. Dat zou ik heel fijn vinden. Met jou, of met een andere ouderbegeleider waarmee jij denkt dat het kan klikken, dat maakt verder niet zoveel uit', maak ik voor hem de weg vrij om zich er chic uit te manoeuvreren als hij dat wil. Raar gevoel om zo te moeten drammen voor iets dat ik zelf spannend vind. Ik weet niet eens of het gaat werken! Misschien vindt hij me wel veel te dominant, maar als we nu niks doen, staan we straks met lege handen weer buiten. 'Goed, ik zal erover denken', neemt hij het heft terug in handen. 'Ik laat je deze week weten wat er mogelijk is en dan zal de secretaresse een afspraak met jullie inplannen.'
Pfff, weer een hobbel genomen. Als we op de gang staan, ben ik helemaal leeg.

VRIJEN

'Mama, ik weet niet of ik later kinderen wil, want dat lijkt me hartstik-ke moeilijk.' Ach, de lieverd. Ik geloof niet dat ik me daar op die leef-tijd mee bezighield. Het is ook hartstikke moeilijk om kinderen groot te brengen, of nou ja, de een laat zich wat gemakkelijker 'lezen' dan de ander, maar als ze zichzelf als referentie neemt, kan ik me voorstellen dat het hoofdbrekens geeft. 'Je hoeft dat nu nog niet te weten hoor, en als je geen kinderen wil, is dat ook goed', probeer ik haar gerust te stellen.

'Maar als mijn man dan wél kinderen wil?' 'Tja, dat kan natuurlijk, maar kinderen krijgen doe je alleen als je het samen eens bent. Soms is de een er eerder aan toe dan de ander, maar dan overleg je daarover. Dat beslis je meestal niet in een dag of een week, dat duurt soms wel een jaar of nog langer.' Vol ongeloof kijkt ze me aan, het idee dat je daarover van gedachten kunt veranderen, lijkt haar onwaarschijnlijk. 'Misschien vind je wel een man die ook geen kinderen wil, dat zou handig zijn.'

De frons op haar gezicht verdwijnt niet. Ik gooi het over een andere boeg: 'Wat lijkt je zo moeilijk aan kinderen?' 'Kinderen hébben lijkt me niet zo moeilijk,' zegt ze tot mijn verbazing (ik zat blijkbaar op een verkeerd spoor), 'maar dat bevallen en dat vrijen, dat lijkt me zo eng, dat wil ik allemaal niet.' Met een vies gezicht wijst ze op haar kruis, ze rilt over haar hele lijf. 'Dat past toch helemaal niet, hoe moet dat nou?!' O ja, daar hebben we het al vaker over gehad. Ze laat zich niet met een kluitje in het riet sturen, dat weet ik onderhand. De voor-lichtingsboekjes van Martine Delfos heeft ze verslonden en ook even hard weer terzijde geschoven, want 'daar heb ik niks aan'. Dus ik leg het nog 's uit, zo concreet mogelijk zonder al te plastisch te worden. Het beeld van het elastiekje en de ballon die ver kunnen oprekken, is haar blijkbaar niet expliciet genoeg, want op het einde van mijn uit-leg zegt ze: 'Ik vind het toch moeilijk om me dat voor te stellen, zou ik misschien een keer kunnen kijken als jij en papa vrijen?'

INTERN BEGELEIDER

Of we, voor de meivakantie begint, nog een afspraak kunnen maken op school. Met de intern begeleider. Dat klinkt niet goed. Fijn natuurlijk dat de school contact zoekt, maar meestal nemen we zelf het initiatief, dus gaan prompt alle alarmbellen af. De intern begeleider heeft niet veel opties in haar agenda, maar wij schuiven wel en dan lukt het toch nog. Gek genoeg is de juf er niet bij. Misschien gaat het gewoon over wat praktische rugzakkwesties? Maar waarom dan die haast? 'Niet zoveel vooruitdenken,' pak ik mezelf bij de kladden, 'ga nou eerst maar eens luisteren.'

'Ik weet niet goed hoe ik het moet zeggen, dus ik val maar meteen met de deur in huis. We maken ons zorgen of jullie dochter het laatste jaar wel op deze school kan doen.' Dat is zo'n onverwachte mededeling dat ik hem in eerst instantie niet begrijp. 'Hoe bedoel je dat?' zeg ik na een korte onthutste stilte en ik kijk naar mijn man om te zien of hij snapt welke kant het gesprek op gaat. 'Nou ja, groep acht is een speciaal jaar waarin veel anders dan anders gaat en we weten niet of ze dat aankan. Hoe dan ook denken we dat ze niet naar een reguliere middelbare school kan en er zijn lange wachtlijsten, dus misschien is het beter om nu alvast naar het speciaal onderwijs over te stappen. Dan heeft ze straks gegarandeerd een plekje in het vso.' Ho, wacht even, dit zijn wel heel veel mededelingen op een hoop en allemaal komen ze uit de lucht vallen. We hebben afgelopen maanden intensief contact gehad met de nieuwe school van de oudste, maar dit is nog nooit aan de orde gekomen. Heeft haar juf niet eerlijk durven zeggen hoe de vork in de steel zat en laat ze nu de intern begeleider de kastanjes uit het vuur halen? En ik maar denken dat we een constructieve relatie hadden.

'Ik heb niks tegen het speciaal onderwijs en het is natuurlijk goed om vooruit te denken, maar volgens mij is dat maximaal op vmbo-niveau en ik weet niet of dat passend is voor haar?' sla ik een willekeurige zijweg in. Er gaat van alles door mijn hoofd en ik heb niet meteen helder wat de beste strategie is om dit gesprek in te gaan. 'Ik weet niet wat jullie denken, maar meer dan vmbo zit er in ieder geval niet in hoor, het is nog maar de vraag of tl, de theoretische leerweg, haalbaar is.' Ik val bijna van mijn stoel. Zijn we naïef geweest dat we altijd aan havo/vwo hebben gedacht? Heeft de vrije school haar te hoog ingeschat? Is de overgang van vrije school naar 'gewoon' toch ingewikkelder dan we dachten? Waar baseert deze dame haar aannames eigenlijk op? Voor ik het weet zijn we verwikkeld in een welles/nietes-discussie over niveaus en voel ik me in de hoek gezet als pushende ouder.

Abrupt komt er een einde aan het gesprek. De tijd van de intern begeleider is op, ze moet naar huis, haar werkdag zit erop. 'We maken snel een nieuwe afspraak, goed? Fijne meivakantie!' zegt ze, en daar staan we dan. 'Jij ook een fijne vakantie.' Als we buiten staan, snap ik waarom de juf er niet bij was. Dit was een zogenaamd slechtnieuwsgesprek. Daar moet je eerst een cursus voor volgen.

KATALYSATOR

De ouderbegeleider vraagt ons of we van tevoren willen mailen wat we verwachten van de gesprekken met hem. Helemaal nog niet zo eenvoudig om dat zwart op wit te krijgen. Aan de ene kant is het simpel: iemand die naast ons staat, die ons en onze dochter(s?) leert kennen zodat we, wanneer dat nodig is, een deskundig mens hebben waarmee we kunnen sparren over wat nuttig en nodig is. Maar dan ben ik in drie regels klaar en dat is vast niet de bedoeling. Wat dan wel de bedoeling is, daar kom ik niet goed uit. Hoe leg ik uit wat ik bedoel met 'iemand die naast ons staat'? Hoe zeg ik op een nette manier dat ik geen behoefte heb aan tips en adviezen omdat ik die zelf wel in een boekje kan lezen? Hoe voorkom ik dat ik mijn ideeën over ouderbegeleiding, die ik beroepsmatig ontwikkeld heb, aan hem opleg en hij zich bekeken en beoordeeld voelt? Want – en dat is misschien wel de kern van wat ik verwacht – ik wil máma zijn bij de ouderbegeleider en niet een collega. Misschien wil ik dát wel komen oefenen tijdens de ouderbegeleiding: hoe ik weer mama kan zijn van mijn kind, in plaats van hulpverlener.

Terwijl ik zo zit te worstelen op mijn tekst, tikt mijn man met gemak een A4'tje vol. Hij, die altijd moet ploeteren op hoe zijn gedachten te vangen in woorden, rammelt het zo uit zijn toetsenbord. Beduusd zie ik het aan. En wat hij schrijft, biedt meteen ook stof tot nadenken en lange gesprekken. Over ons. Over onze dochter. Over onze relatie tot haar, tot elkaar. Over haar zusje. Het nut van ouderbegeleiding bewijst zich onmiddellijk. Het speelt zich helemaal niet af tussen die vier muren van de spreekkamer. Die gesprekken zijn slechts de katalysator om wat onderhuids broedt en gist, naar boven te brengen. Met het schaamrood op de kaken moet ik bekennen dat ik nooit geweten heb dat het zó intensief was. Dat neem ik stiekem dan toch mee mijn beroepspraktijk in (en dan laat ik de professionele blik nu verder los, beloofd!).

WISSELTIJD

Inmiddels loopt Maarten alweer een poosje mee en coacht hij wekelijks de oudste bij het spelen. Heeft ie ingenieus opgebouwd, zo zagen we vanaf de zijlijn. Eerst bij ons thuis, met zijn tweeën, om te wennen en haar te leren kennen. Na een tijdje daagde hij haar uit een klasgenoot te vragen en een activiteit te verzinnen. Daarbij slaat hij veel vliegen in één klap: ze oefent met plannen (op tijd iemand regelen), ze moet iets bedenken wat de ander ook leuk vindt om te doen (zich verplaatsen in de ander), bovendien creëert hij een natuurlijke situatie om de interactie te observeren en bespreekt die vervolgens ook weer na met onze oudste. Al doende leert ze een hoop, terwijl het er van de buitenkant gewoon als spelen uitziet.

Ze gaat ook buitenshuis met hem op stap en daarmee komt er voor ons wekelijks wat ademruimte. Plus tijd om met de jongste door te brengen. Knap werk, hoor. Al baal ik soms ook. Want met hem wil ze wel van alles ondernemen en bij ons zet ze altijd de hakken in het zand. Het voelt niet eerlijk. Dan weer twijfel ik of het aan ons ligt. Ik weet dat het niet zo is – het zal wel iets uit de categorie 'vreemde ogen dwingen' zijn – maar het lukt niet altijd om dat te blijven voelen.

En nu gaat ie verhuizen. Heel onpraktisch helemaal naar een andere provincie. Weg opgebouwd vertrouwen, bij ons, bij haar. Zo gaat dat met personeel, dat wisselt. Maar ik zit nu wel met de vraag voor een opvolger: zoeken we een man of een vrouw? Want het onbevangene is er toch af sinds die vraag van mijn moeder…

KRING

Ik kijk de kring rond, wat zijn we met veel! De juf, natuurlijk, de intern begeleider, de rt'er (remedial teacher), de ambulant begeleider, de directeur, en dan wij nog. Indrukwekkend dat al die mensen zich over ons kind buigen, dat ontroert me bij voorbaat. Ik heb de school duidelijk gemaakt dat we er niet om staan te springen om wéér een andere school te moeten zoeken. De directeur wilde daarop wel een brainstormsessie organiseren en nu zitten we hier dus, op die voor volwassenen veel te kleine schoolstoeltjes. Eerst mag de intern begeleider haar verhaal dunnetjes overdoen, dan zegt de ambulant begeleider hoe zij het ziet, of eigenlijk hoe ze niks ziet, want bij klasbezoeken is er nooit iets aan de hand. De juf houdt zich stil, is zichtbaar moe en aangeslagen. De rt'er spuit haar gal en maakt duidelijk dat ze niks kan beginnen met onze dochter (zo te horen heeft ze haar gezag verspeeld, dus dat kan wel kloppen, denk ik grimmig). Ik ben blij dat ik een collega-ouderbegeleider heb gevraagd mee te gaan om ons bij te staan.

Mijn collega vraagt wat onze dochter nodig heeft om goed te kunnen functioneren op school, waarop de een na de ander zegt wat er allemaal niet mogelijk is. Het is om moedeloos van te worden. Het gaat over procedures, taakinhoud, klassenmanagement en ik hoor vooral niet-niet-niet. Ik negeer mijn dikke keel en duw de opkomende boosheid terug in mijn buik. 'Mag ik eerst zeggen dat ik heel blij ben dat we hier met zijn allen zitten. Ik vind dat heel bijzonder dat er zoveel mensen meedenken met het grootbrengen van onze dochter.' De directeur knikt me bemoedigend toe, de rest kijkt afwachtend. 'Wat me opvalt is dat we het vooral hebben over alles wat niet kan,' – helaas, nu breekt mijn stem – 'terwijl volgens mij de bedoeling van deze bijeenkomst is om te onderzoeken wat er nodig is en hoe we dat gaan organiseren.' Alle zenuwen en zorgen komen in een overstelpende tranenvloed naar buiten. Ik heb nog nooit zo hartverscheurend zitten huilen met vreemden in de buurt, maar ik laat het maar gewoon gebeuren. Wat heerlijk dat mijn collega erbij is, die kan de grote lijn bewaken en onze belangen behartigen. Ik voel me opeens ontzettend moeder. Als een leeuwin wil ik vechten voor mijn kind en tegelijkertijd voel ik me verschrikkelijk kwetsbaar en klein. Wat een onmachtig gevoel als niemand mee wil werken. Hoe lang kun je vechten tegen de bierkaai?

Er komt een glaasje water en een doos tissues. Ik voel hoe mijn adem langzaam zakt, mijn wangen gloeien, ik zeg nog maar even niks. Wie weet haalt die huilbui wel wat uit. Of juist niet. Denken ze dat ik een hopeloos labiel type ben waar ze zo snel mogelijk vanaf moeten zien te komen. Nou ja, het is nu toch al gebeurd. Niks meer aan te doen. 'Even voor alle duidelijkheid,' neemt de directeur het woord, 'zodat ik goed begrijp waarom we hier zitten.' O jee, flitst het door me heen, heb ik het verkeerd begrepen? 'We hebben het hier toch over een meisje, over een kind? Dan is het toch aan ons om alles te doen wat in onze macht ligt om dat kind een goed laatste jaar op de basisschool te geven? Daarvoor zitten we hier toch bij elkaar?' En als een wonder kantelt de sfeer... Dank je wel, (eigen)wijze man!

BOMEN EN BOS

'We hebben meteen uitgezocht of er binnenkort een groep start waar uw dochter aan kan deelnemen. De wachtlijst voor de psycho-educatie is een jaar. Het is een groep voor kinderen van negen tot twaalf. Uw dochter is nu elf dus tegen de tijd dat ze aan de beurt is, is ze al te oud. Het lijkt me niet zo zinvol om haar daarvoor in te schrijven.' De blijdschap over de snelheid waarmee ik de mail heb gekregen van de assistente van de kinderpsychiater, verdwijnt als sneeuw voor de zon. Wat is dit? Waar slaat dat op? Heb ik net met de vuist op tafel geëist dat er eindelijk wat meer gebeurt dan testen en medicijnen verstrekken en dan is dit het antwoord? Dat verzin je toch niet?

In gedachten loop ik de gesprekken na van afgelopen jaar. Toen we vorig jaar overstapten naar een andere kinderpsychiater, was ik volgens mij heel duidelijk bij de intake: 'Ik wil graag dat jullie ons en onze dochter leren kennen, zodat we mensen hebben die meedenken als dat nodig is. Ze wordt groter, dan neemt ze niet meer alles van ons aan. En als de hormonen straks beginnen te gieren, zou het wel eens lastig kunnen worden. Fijn als jullie ons daarbij kunnen helpen, als het zover is.' Goed, dat vonden ze een beetje een vreemde boodschap ('Willen jullie geen diagnose dan?' 'Nee, die hebben we al.' 'We willen het toch graag overdoen om te kijken of de gestelde diagnose juist is.' 'Nou vooruit dan maar, als dat jullie manier is van ons leren kennen.') en het was even knokken om ouderbegeleiding te krijgen (die na drie keer werd beëindigd omdat hij ons niks meer kon 'leren', alsof dat het enige is waar ouderbegeleiding voor bedoeld is), maar toch had ik het idee dat we er goed aan deden. Want toen tijdens dat ellenlange her-diagnosetraject ons meisje in een gierende depressie belandde, waren we, ondanks alle verdriet, blij dat medicijnen in dit academische ziekenhuis geen taboe bleken te zijn.

Gister vroegen we om concrete begeleiding van onze dochter. 'Dat doen we eigenlijk niet. Onze prioriteit ligt bij diagnoses stellen.' De dokter zegt het met droge ogen. Vanbinnen begint het meteen te kolken, niet handig, dus ik zoek mijn zen en probeer mijn stem niet te verheffen. 'Ik begrijp wel dat jullie geen thuisbegeleiding doen, maar help je haar en ons dan verder helemaal niet op weg? Wij kwamen toch niet voor een diagnose, we kwamen nu juist voor hulp! Hoe leert mijn dochter omgaan met haar autisme, met haar angsten, haar stemmingen? Hoe leert ze wie ze kan vertrouwen en wie niet? Leuk dat jullie in het GDO constateren dat we capabele ouders zijn, maar we zijn niet haar therapeut, hoe kunnen jullie haar helpen?' 'Sorry als dat niet duidelijk was, maar dat doen we hier dus niet. Dan verwijzen we door naar lokale ggz-instellingen. Die verzorgen dan verder de begeleiding.' 'Maar we kwamen hier omdat jullie gespecialiseerd zijn in de combinatie van autisme, stemmingswisselingen en stemmen horen. Nu lijkt het met die stemmen vooralsnog mee te vallen, maar ik ben er nog niet helemaal gerust op hoe dat straks gaat als de puberteit begint. Het voelt niet goed om wéér ergens anders opnieuw te moeten beginnen. We wilden nou juist een langlopende relatie aangaan zodat we in slechte tijden op jullie kunnen terugvallen.' 'Langlopende trajecten doen we überhaupt niet meer, dat is het nieuwe beleid, dat alles in korte trajecten gaat. Dat heeft met bezuinigingen te maken, maar we hebben de taken ook verdeeld. Wij doen de diagnoses en de ggz de begeleiding. We moeten de dbc's uiterlijk na een jaar sluiten en daar zitten we met jullie nu bijna aan. Ik kan wel afspreken dat je altijd terug kunt komen zonder dat het aanmeldtraject opnieuw doorlopen moet worden. Dan draag ik het begeleiden van het medicijngebruik over aan de huisarts en kun je indien nodig via hem hier weer een afspraak maken. Of zijn jullie daar nog niet aan toe?' Wacht even. Het knarst in mijn hoofd. Gaat het nu opeens over geld, over beleid, over organisatiestructuren? Dan zegt ze: 'Misschien is de psycho-educatiegroep wel wat voor haar, ze heeft er helemaal de leeftijd voor, zal ik daar eens naar informeren? Ik zal de dbc verlengen, dat kan met maximaal een jaar. Dan blijven jullie gewoon nog voor controle hier en kun je alvast zoeken naar hulp en begeleiding elders. Is dat een goed idee?'

Zo moet het dan maar, dacht ik toen. Maar nu is er dus een wachtlijst en kan ik terug naar af om de bomen in het bos te zoeken.

WANNEER

Tien jaar
'Mama, wanneer word ik ongesteld?' Het is niet de eerste keer dat ze het vraagt en ik weet al dat ik niet wegkom met een vaag antwoord zoals 'later als je groot bent'. Het is ook niet dat ze niet weet van de bloemetjes en de bijtjes en de zaadjes en de eitjes, maar ze kan zich er niks bij voorstellen. Dus houdt het haar bezig. Welke insteek zal ik vandaag eens nemen? Zo concreet en praktisch mogelijk lijkt haar het meest te helpen. 'Als je in de puberteit komt. Meestal gaan eerst je borsten een beetje groeien, krijg je haartjes en op een gegeven moment (ja sorry, concreter wordt het niet) word je dan ook ongesteld.' 'Ik wil geen haartjes, die scheer ik weg! Maar hoe weet ik dan dat ik ongesteld word?' 'Dan heb je een beetje bloed in je onderbroek.' (Ik zeg maar niks over buikpijn, want dan wordt dat weer een issue). 'Getver, dat is smerig, ik hou niet van bloed!'

Elf jaar
'Mama, kijk eens, ik heb hier allemaal haartjes, word ik nou ongesteld?' Ik schrik me eerlijk gezegd een hoedje als ze haar benen spreidt. Ook al was dat heel normaal toen ze een baby was, dat ziet er nu toch anders uit. Of misschien schrik ik van het gemak waarmee ze zonder gêne zoiets privés laat zien? Ben ik bang dat ze dat ook bij anderen doet die daar dan minder zorgvuldig mee omspringen? Ik zet me over mijn eigen preutsheid heen en kijk met haar mee, ondertussen wikkend en wegend of ik er iets van moet zeggen dat ze zich zo gemakkelijk toont. Strikt genomen moet zoiets toch kunnen tussen moeder en dochter, en hoe nodig is het om haar bang te maken? Terwijl de gedachten door mijn hoofd buitelen, volsta ik met een neutraal: 'O ja, ik zie het.' 'Veel hè? Hoe kan dat eraf? En wanneer word ik nou ongesteld? Kijk, hier onder mijn armen groeit het ook al, dat moet er ook af!' 'Laat maar mooi zitten, jongedame, het is nog nauwelijks te zien. Bovendien hoort dat bij groot worden, je lijf verandert. Dat is soms

raar, dat snap ik, maar daar wen je vanzelf aan.' (Waarbij ik de vraag over ongesteld worden negeer, die heb ik de afgelopen weken namelijk al – ik overdrijf niet – zevenentwintig keer beantwoord.)

Elf en een half

'Wanneer word ik ongesteld' is een obsessie geworden. Meermalen per week sprint ze naar de wc om te zien of er bloed in haar onderbroek zit. Ze is panisch om te gaan logeren, want wat moet ze doen als ze ongesteld wordt? 'Kun je ook op school ongesteld worden? Dat wil ik niet. Ik wil dat het thuis gebeurt!' Ik kán geen antwoord geven, ik héb geen dag en uur paraat, maar zo kunnen we ook niet verder. Wat kan ik voor list verzinnen? 'Lieverd, ik zie dat je helemaal zenuwachtig bent over dat ongesteld worden. Ik weet dat ik gezegd heb dat ik niet kan zeggen wanneer dat gaat gebeuren, maar ik heb wel gelezen dat het moment waarop het gebeurt erfelijk is. Oma was veertien, je tante en ik waren ook veertien, dus de kans is het grootst dat jij ook veertien bent als je voor het eerst ongesteld wordt. Dat duurt dus nog een hele tijd. Het gebeurt in elk geval niet op de basisschool.' 'Weet je dat zeker?!' (Nee, natuurlijk weet ik dat niet zeker, maar dat ga ik nu niet zeggen.) 'Het is vast niet dit schooljaar, waarschijnlijk ook niet in de brugklas, maar pas als je dertien of veertien jaar bent, of misschien pas als je vijftien bent. Ik kan je niet precies een datum geven, ook al zou je dat graag willen...' (Ze beaamt het lachend – gelukkig, ze kan weer lachen.) 'Maar de komende twee jaar hoef je je dus nog geen zorgen te maken. En als het zover is, dan vieren we een feestje. Met taart. Beloofd. Maar voor nu houden we erover op, want ik wil niet dat jij er gek van wordt.' (En ik ook niet, maar daar heeft ze natuurlijk geen boodschap aan.) En mirakels, het werkt.

VRIENDEN

'Die ken je wel hè, die is uit mijn klas en deze zat vorig jaar een klas hoger. Dat is de zus van die vorig jaar naar de middelbare ging en deze, deze en deze ken ik van dansen.' Samen bladeren we door haar Hyvesvrienden, een gewoonte die is ontstaan toen het ondoenlijk werd om voor elk vriendenverzoek afzonderlijk toestemming te geven. Sindsdien gaan we er regelmatig samen voor zitten. Heel gezellig eigenlijk en telkens weer sta ik versteld van haar enorme netwerk. Bijna twaalf is ze nu en mevrouw heeft maar liefst 301 vrienden. Driehonderdeneen jongens en meisjes, met hier en daar een verdwaalde ouder, die ze állemaal kent. Want dat is de regel: alleen mensen toevoegen die je kent.

'Maar wie is dat dan?' wijs ik een volslanke twintiger aan. 'Dat wéét je toch wel, die is van de kidsclub uit Frankrijk, die liep vorig jaar ook al stage, nou ja zeg, dat je dat niet meer weet.' Nu ze het zegt, zie ik het. Maar ik heb in mijn eigen wereld moeite genoeg om namen en gezichten te onthouden, dus aan vage passanten zoals stagelopende studenten in het recreatieteam op de camping verspil ik mijn kostbare geheugen niet. 'Hoe bedoel je, het vriendje van de zus van iemand die je van dansen kent? Heb je die wel eens ontmoet? Oké, verwijderen dan.' Morrend gaat ze akkoord. Als we even verderop op een foto stuiten die ze niet kan thuisbrengen, verhevigt het verzet. Ze wil absoluut vrienden blijven. Ik begrijp het niet. Normaal sputtert ze wat, maar ze blijft superredelijk, zoals ze zojuist nog liet zien. En dan komt de aap uit de mouw: 'Ik vind 300 zo'n mooi getal, mag het alsjeblieft zo blijven?'

LYCEUM

'Denk je dat we moeten wachten op de open dagen of zouden we al eerder op scholen kunnen rondkijken om te zien of ze geschikt zijn voor onze dochter?' vraag ik aan haar leerkracht. Ik bedoel, alle ouders zijn natuurlijk benieuwd waar hun kind straks terechtkomt en ik kan me dus voorstellen dat middelbare scholen er niet op zitten te wachten om met allerlei ouders vooraf gesprekken te voeren. Maar bij ons voelt het toch anders, want onze dochter 'drop' je niet zomaar op een school. Juf beaamt dat volmondig, maar als ik advies vraag waar te beginnen, weet ze dat niet omdat ze nooit eerder met dit bijltje gehakt heeft. Als ik de ambulant begeleider vraag welke school haar het meest geschikt lijkt, moet ze me het antwoord schuldig blijven: 'Mijn collega komt in het voortgezet onderwijs, ik weet daar eigenlijk niks van.' En nee, het is niet gebruikelijk dat ouders haar collega daarover raadplegen, zodat ik met lege handen het gesprek verlaat. Gewoon weer zelf uitzoeken dus.

'Zou je dat nou wel doen? Het gaat hartstikke goed nu. Geef dat meidje toch gewoon de kans om net als de anderen te zijn. Als je van tevoren al van alles gaat vertellen, kijken ze toch anders naar je kind. Zoeken ze misschien problemen die er niet zijn...' Indringend praat mijn schoonmoeder op mij in, als ik vertel over onze nieuwe zoektocht. Ze brengt me aan het twijfelen. Ze komt immers zelf uit het onderwijs en kent die wereld van binnenuit. Weet hoe er in de lerarenkamer over ouders en kinderen gesproken wordt. Wat is het ingewikkeld om te weten wat waar je goed aan doet.

Om de hoek staat een populair lyceum, gehuisvest in zo'n zelfde vertrouwd, statig schoolgebouw als waar ik mijn eigen middelbare-schooltijd doorbracht. Om de hoek, dat is een voordeel. Er zitten ook veel meiden van het dansen daar op school. Dan kent ze er meteen al wat mensen, en die kennen haar bovendien ook al wat langer dan vandaag. Ook een voordeel. Het onderwijs is sterk cognitief georiënteerd, geen fratsen. Voor sommigen een nadeel, ons klinkt het als muziek in de oren. Rechttoe rechtaan klassikaal onderwijs, daarin gedijt onze oudste het best. Volgens de schoolgids is er extra aandacht voor zorgleerlingen, maar ja, hoe dat in de praktijk uitpakt, is natuurlijk de vraag. De statistiek van de onderwijsinspectie laat zien dat het met de leeropbrengsten wel snor zit en zichtbaar wordt ook dat er elf kinderen met een rugzakje op school zitten. Dan is het geen onbekend verschijnsel dus.

En dan valt het kwartje. We kúnnen niet eens verzwijgen dat onze dochter niet volgens de boekjes groot groeit, want ze heeft natuurlijk dat rugzakje. Ik wíl dat trouwens ook helemaal niet verzwijgen, wat oma ook zegt. Stel dat het niet van een leien dakje gaat, en dat is niet ondenkbaar, dan wil ik iedereen met open vizier tegemoet kunnen treden. En dus vooraf openheid betrachten, zodat iedereen weet waar ie aan begint. Alleen als we samenwerken, heeft het kans van slagen, toch? Alweer een dilemma geslecht.

AFSPRAAK

Dinsdagmiddag, 14.50 uur

Trrring, mijn mobiel, de oudste belt. Ze fietst van school terug naar huis, maar het kan blijkbaar niet wachten. 'Mama, ik moet je even bellen, want het was zo ontzettend niet leuk op school.' Het gehijg van het fietsen maakt haar gesnik amechtig. Fietste ik er maar naast, dan kon ik even een hand in haar nek leggen (nooit op de rug), zogenaamd om te duwen maar stiekem ook om een beetje te troosten. 'Hé meis, wat jammer, wat is er gebeurd?' 'Nou, iedereen deed lelijk tegen me en ook al zei ik sorry, ze gingen toch alsmaar door. Ik snapte helemaal niet wat er was, maar ik zei wel sorry, waarom stopten ze dan niet? En ik had afgesproken met Jasmijn, maar die wil nou niet meer, dan heb ik vanmiddag niks te doen en ik had me er zo op verheugd, nou weet ik niet wat ik moet doen, weet jij wat ik kan gaan doen?' Ik weet dat alles wat ik nu zeg toch wordt afgekeurd, dus ik gooi het over een andere boeg en zeg: 'Kom eerst maar rustig naar huis, dan gaan we samen iets drinken en praten dan verder.' 'Dat is goed, doedoei mama, ik hou van je!' Hyves-taal, ik weet het en toch doet het me goed.

Zelfde dinsdagmiddag, 15.30 uur

'Doeg, ik ga naar Elsa, ik ben om halfzes thuis.' Zoef, ze staat al bij de deur, ik kan haar nog nét in de kraag grijpen. 'Hola jongedame, ik had nog niet gezegd dat het goed was. Wie is trouwens Elsa?' 'Hahaha,' lacht ze vrolijk, 'dat is een hele goede vriendin van mij en ik ben zo blij dat we nu eindelijk een keer kunnen afspreken. Ze kan bijna nooit als ik kan, maar haar tennis viel uit of zoiets, dus nu lukt het.' Wat heerlijk dat ze zo snel is opgefleurd, mooi voorbeeld van hoe snelle stemmingswisselingen ook in je voordeel kunnen uitpakken, denk ik als ik naar haar stralende smoeltje kijk. Ik graaf in mijn geheugen naar een Elsa, maar er komt geen beeld. Volgens mij is het niet iemand van school en ook niet van dansen, dus ik vraag nog even door. 'En waar woont ze?' Ik voel me alsof ik de 'wat-doet-haar-vader-ondervraging' doe; toch lijkt het me legitiem om van een elfjarige te weten waar en met wie ze uithangt. 'O, dat weet ik niet en zij weet ook niet waar ik woon, dus we hebben afgesproken bij de supermarkt, want die wisten we allebei wel.' Oké, slim bedacht samen, dat moet gezegd. Maar dat 'hele goede vriendin' moet ik toch met een korreltje zout nemen, geloof ik. 'Als jullie niet van elkaar weten waar je woont, dan ken je elkaar blijkbaar toch nog niet zo héél goed. Waar kennen jullie elkaar van en wat ga je samen doen zo meteen?' 'Maham, toe nou, ik moet gaan, want anders ben ik te laat en staat ze op me te wachten.' Ze staat op hete kolen, het is haar aan te zien, alles in haar wil weg, want afspraak is afspraak, ook al was ze even 'vergeten' dat met mij af te stemmen. 'Ik snap dat je graag op tijd wil komen, maar ik vind het belangrijk om te weten met wie je op stap bent en hoe ik je kan bereiken.' (Ze rolt met haar ogen, domme opmerking, ze heeft toch een mobieltje, dûh.) 'Nou gewoon, ik ken Elsa al heel lang, ze zit bij Rosemarie in de klas (o ja, die is van dansen en daarmee heeft ze vorige week voor het eerst afgesproken) en ze is superaardig en nu moet ik gaan, want anders ben ik te laat. Doeoeoeg, halfzes thuis, goed?'

Ik ga overstag.

PAUZE

Sinds Maarten weg is, rommelen we met de begeleiding. Ze gaat nog wel naar het logeerhuis, we hebben een net afgestudeerde orthopedagoog als oppas, met daarnaast nog Camilla natuurlijk, maar daar blijft het bij. Het gaat ook best goed, dus misschien kan het geen kwaad om even pauze te houden? Klinkt aantrekkelijk.

Ze spreekt nu zelf af met klasgenoten en weet zich beter te vermaken. Winst voor haar, maar ook voor ons, want we hoeven minder aan de bak. Even pauze. Voor haar, om niet met 'ontwikkelingsdoelen' bezig te zijn, maar 'gewoon' op te groeien. En voor ons, om geen vreemden over de vloer te hebben die je aan het werk moet zetten of die ergens iets van vinden waar je dan weer wat van moet vinden. Even net doen of we het allemaal zelf kunnen. Kop in het zand voor de hobbels.

Zouden ze dat goed vinden bij de afdeling PGB? Of raken we dan voor volgend jaar ons budget kwijt? En als de storm weer opsteekt, zijn we dan verder van huis of gooien ze ons toch een reddingsboei toe? Wie moet die reddingsboei eigenlijk naar ons gooien? Wie bekommert zich om ons? Ik wil het even niet weten. Ik wil alleen maar meedobberen op de stroom, niet te veel zorgen maken.

Even pauze.

LOGISCH

Wat een zalige nazomerdag, precies zoals je hoopt dat de dagen eind september zijn. Knisperend fris in de ochtend, loom en lui midden op de middag. Als mijn oudste uit school komt op haar slippers, zie ik dat haar voeten pikzwart zijn. 'Ga jij eerst maar eens even je voeten schrobben!' zeg ik haar en ik voorkom nog nét dat ze met haar zwarte voeten languit op de bank ploft. Heerlijk, zo'n school aan de rand van het bos, maar ik begrijp opeens ook waarom iedereen binnen verplicht pantoffels draagt.

Ik redder in het rond om mijn spullen bij elkaar te zoeken om te gaan werken. Mijn man heeft 'dienst', zo noemen we dat wanneer een van ons de zorg voor de kinderen heeft, dus ik doe iedereen een groot plezier als ik me zo snel mogelijk onzichtbaar maak. Eén kapitein op het schip werkt in ons gezin het best.

Terwijl ik mijn tas sta in te pakken, zie ik vanuit een ooghoek mijn kind fanatiek met een afwasborstel in de weer in een poging haar voeten schoon te krijgen. Ik begrijp er niks van. 'Wat ben jij nou aan het doen? Dat is toch niet normaal?!' valt mijn man tegen haar uit. Verbolgen kijkt ze hem aan. 'Dat moest van mama, hoor.' 'Dat lijkt me sterk. Huppetee, naar de badkamer en ga daar je voeten wassen.' Zuchtend sjokt ze naar boven. 'Ik doe het ook nooit goed!'

Een tikje verrast over deze bizarre scène laat ik de puinhoop achter me en verlaat het huis. In de auto laat ik alles nog eens door mijn gedachten gaan. Opeens begrijp ik het. Ik zei 'voeten schrobben'. En zij heeft toen gedacht: 'Hoe moet ik nou mijn voeten schrobben? Nou, met een afwasborstel dan maar.' Logisch toch?

TIMING

Kreunend val ik opzij en voel de weldadige koelte van de wc-tegels tegen mijn gloeiende wangen. Ik ga hier niet meer weg, ik blijf gewoon in de buurt van die pot tot alles mijn lijf uit is. Mijn armen zijn zo slap dat ze blijven liggen waar ze neergekomen zijn. O nee, daar ga ik weer, ik wil niet, maar ik moet, wat een ellende. Mijn oudste geeft de deur van de woonkamer een zetje zodat ie in het slot valt. Ik begrijp ook wel dat ze geen behoefte heeft aan al die afschuwelijke geluiden die mijn systeem produceert, maar nu voel ik me helemáál zielig en alleen. Nou ja, ik hang hier nog wel even.

De tijd verstrijkt. Mijn dochter houdt zich stoïcijns afzijdig en heeft het geluid van de tv wat harder gezet. Ik voel me alleen maar zieker worden, dit gaat niet goed. Ik schuif een stukje op richting de hal, als ik me uitrek kan ik nét op de kamerdeur kloppen. 'Wat is er?' klinkt het bits. 'Wil je papa voor me bellen en zeggen dat hij naar huis moet komen?' Mijn dunne stemmetje bereikt haar moeiteloos, want ze springt meteen op om de telefoon te pakken. Blij dat ze straks niet meer alleen is, denk ik. Gloep, genoeg inspanning alweer.

Ooooh, wat lig ik hier lekker tegen dat muurtje, zo hou ik het nog wel even vol. Als de kamerdeur opengaat, sla ik mijn ogen even op. Mijn dochter gaat op veilige afstand staan en vraagt: 'Gaat het?' Nou nee dus, lijkt me overduidelijk. Wel goed dat ze het vraagt, ze is in snel tempo aan het leren hoe het hoort, wat is dat fijn, denk ik nog terwijl ik daar voor pampus lig. Ze was van de week zelf ook ziek en ze heeft blijkbaar goed opgelet hoe wij dat doen. Dan zegt ze met een allerliefst stemmetje: 'Wil je iets drinken? Iets eten?' En hop, daar ga ik weer. Ze moet nog even de timing oefenen...

PLAN

Zo, wat gaat het goed met mijn kleine meisje. Nou, klein, laat dat kleine maar weg: haar voeten zijn al groter dan die van mij. Nog even en ze kan het huis uit, wat zal het stil worden hier. Daar kan ik nou wel grapjes over maken, maar we moeten haar nog wel zover krijgen. Terwijl ik mij met mijn koffie verkeerd 's avonds op de bank installeer, schieten mijn gedachten alle kanten op.

Hoewel ik enorm geniet van het kalme vaarwater waar we in terechtgekomen zijn na alle heftigheid, maak ik me stiekem ook zorgen over de puberjaren die voor de deur staan. Kon ik alvast maar een beetje vooruitbladeren, dat zou toch handig zijn. Wordt ze nog dwarser dan ze al is? Neemt ze straks nog iets van ons aan? Laat ze zich nog helpen als ze zich in de nesten gewerkt heeft? Zullen er vriendinnen zijn waar ze terechtkan als wij niks meer goed kunnen doen? Pikt de middelbare school het intensieve contact dat nodig is om haar op de rails te houden, of zijn we dan overbezorgde bemoeizuchtige ouders die hun kind niet los kunnen laten?

Zodra ik probeer een blik te werpen in de glazen toekomstbol, word ik overspoeld door zorgelijke gedachten. Niet handig, ik weet het. *'De mensch lijdt dikwijls het meest, door het lijden dat hij vreest, doch dat nooit op komt dagen'* hing bij mijn grootouders boven het bed. Toch kan een beetje vooruitdenken soms geen kwaad. Als we onze oudste er nu alvast aan laten wennen dat er meer mensen zijn die zich met haar bemoeien, dan hebben we daar straks misschien profijt van. En dan moeten we dus niet wachten tot het (weer) misgaat, want van een vreemde zal ze dan niks willen weten. We moeten dus, paradoxaal genoeg, juist nu het goed gaat iemand opsnorren met wie ze een band kan opbouwen om op terug te vallen in slechtere tijden.

BOEM Ik schrik op uit mijn gedachten. De kat stoot mijn boek van de bank. Dacht ik een lekker rustig avondje te hebben, is er opeens een plan geboren. Aan de slag maar weer...

THUISBEGELEIDING

'Wat komt ze dan doen? Ik heb Carla toch al?' 'Carla is voor op school. Het is een soort Maarten, weet je nog, die ging altijd leuke dingen met jou doen.' 'Nou, zo leuk was dat ook weer niet. Ik moest altijd iemand uitnodigen om mee te spelen en dan ging hij zich ermee bemoeien. En hij was nog lelijk ook. Is Nathalia wel mooi? Heeft ze lange haren en wat voor kleren draagt ze? En wat gaan we doen dan? Ik wil dat helemaal niet, waar is dat nou voor nodig, ik mag toch zeker zelf weten wat ik doe! Kan Maarten niet gewoon terugkomen dan?' Pff, dat is een heleboel tegelijk, waar zal ik op ingaan en wat laat ik rusten? Ze staat helemaal in de anti-stand en ik kan moeilijk zeggen dat we iets willen opbouwen zodat we er in slechte tijden wat aan hebben. Daar heeft zij geen boodschap aan. En wie zegt dat die slechte tijden terugkomen? Ik heb weliswaar bedacht dat dit een goed idee is, maar hoe het straks uitpakt, geen idee...

Ik heb wel een goed gevoel bij die Nathalia. Ze is een vrolijk springding, net afgestudeerd en tijdens haar studie al gerekruteerd door het bedrijf dat thuisbegeleiding biedt, omdat ze opviel als stagiaire. We krijgen er meteen ook een andere coach bij voor onszelf en ze doen ook aan brusjes-begeleiding. De *full package* dus. Het is even slikken om zo met zijn allen de molen in te gaan. Ik ken het bedrijf al een beetje, dat scheelt. Stel je voor dat je uit het niets al die professionals je huis in geschoven krijgt. Natuurlijk is er eerst wel een kennismakingsgesprek, maar toch. Staan ze je opeens op je vingers te kijken. Dat gaan ze bij ons dus ook doen. Daar word ik wel een beetje nerveus van. Dat ons huishouden plotseling wordt vastgelegd in verslagen die ergens op een server staan en gedeeld worden met weet-ik-wie.

'Misschien wil Nathalia wel cupcakes bakken met jou', verzin ik listig een activiteit die ze graag doet en waar ik meestal te weinig moed voor heb om het met haar te doen. 'Mogen we ook gaan shoppen?' vraagt zij op haar beurt gehaaid. 'Shoppen zonder kopen mag altijd, ook een leuk idee!' Plotseling staat de komst van Nathalia niet meer ter discussie, het gaat nu over 'wat gaan we doen'. Volgens mij hebben we een stap voorwaarts gezet.

KENNISMAKEN

'Zeg even hallo en geef een hand', zeg ik gewoontegetrouw als mijn oudste thuiskomt uit school en het bezoek straal negeert. Onwillig doet ze wat ik zeg en loopt snel door naar het aanrecht om voor zichzelf drinken in te schenken. Ik voel me bekeken en twijfel opeens of ik het goed gedaan heb. Zeg ik dat omdat ik wil laten zien dat we haar heus goed opvoeden?

'Lekker, ik lust ook wel wat', zegt de kersverse gezinscoach tegen haar. Meteen voel ik me schuldig, had ik haar al iets moeten aanbieden? Of zegt ze dat om te kijken hoe mijn dochter reageert? Ze komt natuurlijk ook om te observeren. 'Goed idee,' sluit ik aan, 'ik wil wel een kopje thee.' 'En waarom zou ik dat moeten doen?' briest het donderwolkje. 'Omdat het beleefd is. Als je bezoek hebt en je schenkt voor jezelf iets te drinken in, dan vraag je ook wat de ander wil drinken.' 'Oké. Maar ik zet geen thee, dat doe je zelf maar. En jij bent ook niet op bezoek. Wat wil jij?' 'Doe maar hetzelfde als wat jij hebt', maakt ze het mijn dochter gemakkelijk.

Volgende dilemma. Ga ik nu de strijd aan, of houd ik me gedeisd? Ruziemaken met bezoek erbij, dat voelt niet goed. Maar als ik nu niks doe, denkt de gezinscoach misschien dat ik niet consequent ben en haar onvoldoende begrens. Ik sta toch al op achterstand, want als ik nu alsnog ga reageren, voelt het voor mijn dochter alweer als mosterd na de maaltijd. Ik laat het maar even gaan.

Pfff, ingewikkeld hoor, om je 'normaal' te gedragen met zo'n coach in huis. Het is zo tegennatuurlijk om dat suikerlaagje 'beschaving' weg te laten. Maar als we dat niet doen, schieten we er ook niets mee op. Heftig ook om alles wat wij normaal vinden, opeens door de ogen van de gezinscoach te bekijken. Ze komt vandaag alleen maar kennismaken, maar wat gebeurt er meteen al ontzettend veel...

ZACHTE HEELMEESTER?

'Mama, eigenlijk wil ik niet, ik wil bij jou blijven. Mag dat? Alsjeblieft?' Onder haar dekentje op de bank kruipt ze dicht tegen me aan, nog dichterbij. Terwijl ik mijn arm om haar heen sla, golft de wanhoop door mijn lijf. Ik wil er zo graag voor haar zijn nu ze het zo moeilijk heeft, maar ik wil ook héél graag dat ze naar het logeerweekend gaat, zodat ik tijd heb om weer moed te verzamelen, om er voor haar te kunnen zijn. Prompt protesteert alles in mij; ik wil haar vasthouden, beschermen, troosten... 'Dat snap ik wel lieverd, maar dat doen we niet. We hebben al afgesproken dat je komt, dus dan doen we dat', neemt mijn verstand het over. 'Breng jij mij dan weg? Alsjeblieft?' 'Dat is goed', zeg ik ferm. Dat is het minste wat ik voor haar kan doen, al hoop ik maar dat ze niet moeilijk gaat doen in de auto.

Als we aankomen in het logeerhuis, rent ze niet voor me uit, maar plakt stijf tegen me aan. Ik heb de leiding gister al gemaild om ze bij te praten, maar toch kijken ze ons vreemd aan als we samen stilletjes naar boven stiefelen om haar tas uit te pakken en haar kamer in te richten. We leggen alle kleren in de kast, de pyjama op haar kussen en slaappop ernaast. 'Volgens mij zijn we klaar, toch?' 'Nog even hier blijven', zegt ze als ik aanstalten maak om naar beneden te gaan. Ik ga naast haar op het bed zitten. Ze begint zachtjes te huilen. Voorzichtig aai ik haar schokkende schouders. Haar lange bruine haren waaieren uit als ze haar hoofd op mijn schoot legt. Traag verstrijkt de tijd. Het deert me niet. Ik ben er. Zolang als het nodig is. Ze heeft tijd nodig om deze overgang te maken. Wie ben ik om daar haast mee te maken?

'Joehoe, komen jullie wat drinken?' klinkt het onderaan de trap. 'We komen zo,' roep ik terug, 'we zijn nog heel even hier.' Even later stapt Anneke binnen met twee glazen cola. (Cola! Dat mag ze bij mij alleen bij feestjes, maar ik laat het gaan; andere plek, andere regels.) 'Hé meis, wat is dat nou? Kom je lekker naar beneden? De rest is er ook al.' Omdat ze niet reageert, zeg ik dat we nog heel even boven blijven en zo snel mogelijk komen. Als Anneke weg is, wrik ik de kluwen die mijn dochter is geworden op en rond mijn schoot wat losser. 'Kom meisjelief, we gaan maar eens naar beneden.' 'Héél even nog', smeekt ze en ze omhelst me alsof de wereld op het punt staat te vergaan. Daar zit ik dan. Normaal weet ik goed wat ik moet doen en krijg ik haar meestal wel in beweging. Maar nu voelt alles loodzwaar. 'Kom op dame, nú naar beneden komen', roept Marjon met strenge stem vanaf beneden. Ik voel me aangevallen. Ben ontdaan dat ze het tempo niet aan mij overlaten, ik doe toch mijn best? Maar het zal ook wel goedbedoeld zijn. En het werkt in elk geval bij mij om toch maar naar beneden te gaan, ook al voelt het nog niet goed.

'Ga maar mee tv-kijken', moedig ik haar aan. Schoorvoetend schurkt ze zich in een hoekje op de bank. Ik loop naar de keuken om even te overleggen met de leiding. 'Ik schrik van wat ik zie', steekt Marjon meteen van wal. O jee, denk ik geschrokken, vinden ze dat ik haar niet had moeten brengen, dat het te slecht gaat met haar? 'Je laat je vollédig inpakken door haar! Zo erg heb ik het nog nooit gezien dat een moeder zich door haar kind liet dicteren.' Nou ja, zeg. Wat weet zij in vredesnaam van de weken die hieraan vooraf zijn gegaan? Ik sta te trillen op mijn benen en verbijt met moeite mijn tranen als ik zeg: 'Ik heb helemaal geen zin om daarover met jou in discussie te gaan. Volgens mij doe ik wat op dit moment nodig is voor mijn kind en ik hou heus wel in de gaten of ze daar geen misbruik van maakt.' 'Nou, ik zie dat anders. Dat is geen aanval, het is een constatering en ik vond dat ik dat met je moest delen. Ik vertel alleen maar wat ik zie. Ik heb al heel wat gezien en ik schrik hiervan. Hebben jullie wel begeleiding? Ik kan je anders wel iemand aanraden die heel goed is. Want met zachte heelmeesters wordt niemand beter, dat weet je.'
Het zweet breekt me uit en het wordt nog zwarter dan het al was om me heen. Ik stamel nog iets over de kinderpsychiater en dat we in goede handen zijn en maak dan dat ik wegkom. Geen zin om voor haar ogen in te storten en te huilen.

Dapper zwaai ik mijn dochter gedag, die eigenlijk al geen oog meer voor me heeft. Ik houd met alle macht mijn tranen in bedwang totdat ik in de auto ben.

Het duurt lang voordat ik verantwoord weg kan rijden.

TAXICHAUFFEUR

Dit gaat zo niet langer. Als ik mijn meisje heb weggebracht naar het logeerhuis, ben ik zó gesloopt dat ik er bijna een dag van moet bijkomen, en dan moet ik haar alweer bijna ophalen. Dat schiet zijn doel voorbij. Het idee is dat die logeerweekenden niet alleen leuk zijn voor háár, maar ook ons iets opleveren, rust en ruimte namelijk. Moeten we dan stoppen met het logeren of kunnen we iets anders verzinnen? Terwijl ik uitgeteld op de bank lig, scan ik mijn opties. Als mijn man haar wegbrengt, is er niks aan de hand. Hij kan alleen bijna nooit, omdat hij meestal werkt op vrijdagavond. Wat doet hij anders, wat kan ik van hem leren?

Misschien heeft de groepsleiding toch wel een béétje gelijk als ze zeggen dat ik té betrokken ben. We zijn eerder in zo'n afhankelijkheidsspiraal verzeild geraakt. Maandenlang wilde ze toen niet gaan slapen als ik niet naast haar kwam liggen. Ik deed het van harte, omdat ze het nodig had, omdat het werkte, omdat ze haar slaap zo goed kon gebruiken, omdat het leven al ellendig genoeg was. Eerst was tien minuutjes genoeg, later mocht ik pas weg als ze in slaap was gevallen en uiteindelijk duurde het anderhalf uur, elke avond weer, voordat ik me voorzichtig kon losmaken en wegglippen. Daarna wilde ze niet meer in haar eigen bed slapen, alleen nog in het onze. Maar ik kan niet slapen met een kind naast me, dus dat werd de streep. En toen bleek ze het toch zelf te kunnen.

Au. Het doet zeer om die gedachten toe te laten. Ik doe toch verdorie mijn best?! Als we daarmee van de regen in de drup raken, is het ook nog eens allemaal voor niks. Ik krijg er buikpijn van. Ik doe het dus niet goed. Het is gewoon mijn eigen schuld.

Ho. Stop. Jezelf de put in praten heeft geen zin. Terug naar het begin. Stoppen met logeren of iets verzinnen voor dat ellendige wegbrengen. Ik stuur d'r gewoon met de taxi, denk ik recalcitrant. Maar ja, dan moet ik haar daar wel in krijgen. Plots gaat er een lampje branden. Jelmer, natuurlijk! Jelmer, onze oude oppas die kon lezen en schrijven met de kinderen, is automotive business management gaan studeren. Een hele mond vol, maar kort gezegd is hij gek van auto's. Die vindt het misschien wel leuk om taxichauffeur te spelen. Hij verdient wat bij en mag nog autorijden ook. Win-win noemen we dat toch? Soms ligt de oplossing om een hoekje, ik ga hem meteen appen.

ZOMERKAMP

'Deze zomer wil ik naar een écht kamp,' zegt ze, 'niet zoals vorig jaar met maar drie meisjes, maar echt, met zo'n grote groep. Dat lijkt me zo gezellig.' Hm, het afgelopen jaar is voor mijn oudste inderdaad niet echt gezellig geweest. Ik gun het haar van harte dat ze wat zonniger maanden tegemoet gaat. Maar of een groot groepskamp bijdraagt aan de feestvreugde, dat waag ik te betwijfelen. Ik mompel wat onduidelijks en hoop dat het overwaait. Dat doet het niet. Aanvankelijk popt het onderwerp eens per week op, maar al gauw vraagt ze dagelijks: 'Mag ik in de zomer op kamp? Heb je er al over nagedacht?' Mijn laf vooruitschuiven werkt niet langer. Ik moet aan de bak om er serieus over na te denken.

Het is ingewikkeld genoeg om zo'n lange zomervakantie in te vullen, dus als zij graag op kamp wil, is dat het overwegen waard. Ze kan goed van huis, bij het logeerhuis blijft ze liever een nacht langer dan korter. Zou dat kunnen? Op een gewoon kamp? Of moeten we dan kijken wat het logeerhuis in de aanbieding heeft? Maar dat is natuurlijk niet wat zij met een 'echt kamp' bedoelt. Mijn man ging vroeger op zeilkamp, zou dat wat voor haar zijn? Zelf heb ik goede herinneringen aan muziekkamp, maar toen was ik wel een stuk ouder. Ze is dan bijna elf, dat is piepjong… En vertellen we de organisatie dan dat het een meisje met een gebruiksaanwijzing is?

'Mama, weet je het al?' 'Lieve kind, ik snap dat jij heel graag op kamp wil. Maar ik moet over heel veel dingen nadenken. Wat voor kamp, hoeveel dat kost, wanneer het is, of het leuk is voor je… geef me even tijd om al die dingen uit te zoeken. Over twee weken weet ik meer, daar ga ik mijn best voor doen.' 'O! Dus het mag?! Je bent de allerliefste moeder van de hele wereld! Joehoe, ik mag op kamp!!!!!' Juichend danst ze door de woonkamer. Zo had ik het uiteraard niet bedoeld, maar zij registreert feilloos mijn welwillende ondertoon. 'Hohoho, dat zei ik niet. Ik ga het uitzoeken en kijken of we iets kunnen vinden wat geschikt is, én betaalbaar én te combineren met onze vakantie in

Frankrijk...', probeer ik de verwachtingen te temperen. Maar ze hoort het al niet meer.

Avondenlang surf ik langs zomerkampwebsites. Ik zie geoliede zomerkampfabrieken en knullige houtje-touwtje-snel-geld-verdienen-organisaties. Er zijn ontzettend veel mogelijkheden, maar ik zie op de een of andere manier nog niet hoe dat gaat passen. Wat als ze geen aansluiting heeft? Of als ze in al haar enthousiasme de leiding neemt, terwijl dat ongepast is? Houden ze zich aan het programma? Hoeveel vrije momenten zitten er tussen de onderdelen en houden ze de kinderen die daar niet zo goed raad mee weten dan in de gaten? Steeds meer beren op de weg maken het niet overzichtelijker. En als ze nou samen met een vriendinnetje kon gaan? Maar dat is nou juist het punt, vriendinnetjes heeft ze al een hele tijd niet meer. Dan vertelt oppas Camilla, onze gouden spring-in-'t-veld, over een geweldig danskamp waar ze het jaar ervoor geweest is. Dansen, natuurlijk! Dat ik daar niet eerder aan heb gedacht. Dat is natuurlijk de ingang voor ons meisje, dat zo met hart en ziel van dansen houdt. En misschien wil Camilla dan wel mee, die kan dan mooi een oogje in het zeil houden zonder dat het opvalt, zonder dat ze daardoor anders is. Dat gaan we uitzoeken!

OVERLEG

'Straks gaan we voor het eerst op je nieuwe school naar het groot overleg. Natuurlijk niet met alle leerkrachten, dat gaat niet op de middelbare school, maar wel met je mentor, de burgklascoördinator, de zorgcoördinator en de ambulant begeleider. En dan natuurlijk papa en ik. Wil je ook mee?' Ze aarzelt even, maar schudt dan gedecideerd het hoofd. 'Hoeft niet', zegt ze. 'Moeten we iets namens jou zeggen?' 'Eh, nee, ik zou niet weten wat.' O ja, te open vraag, ik had het kunnen weten. 'Met wie kun je goed opschieten in je klas?' 'Nou, eigenlijk met iedereen wel. Weet je,' gaat ze op samenzweerderige toon verder, 'ik en Iris zijn eigenlijk wel de populairste meisjes van de klas!' Zo, dat is nieuwe informatie voor me. Dat klinkt als een droomstart. Nu maar hopen dat die Iris het niet benauwd krijgt van alle aandacht waarmee ze overstelpt wordt. Kom op, niet zo somber, spreek ik mezelf vermanend toe, wees nou gewoon eens blij dat het zo goed lijkt te gaan. 'O ja,' zegt ze, 'en ik wil niet dat ze in mijn klas weten dat ik autisme heb, want ik wil gewoon net als de anderen zijn en opnieuw beginnen.'

Bij de teamleider aan tafel voelt het meteen vertrouwd. In de aanloop naar de brugklas zijn we al een paar keer langs geweest, dat scheelt. Ook al zijn ze nog niet ingegaan op ons aanbod om te overleggen met de thuisbegeleiding, ze hebben wel beloofd Carla, de externe coach die dochterlief zo voortreffelijk door het laatste basisschooljaar heen gesleept heeft, in te schakelen en uit het rugzakje te betalen. Niet dat er concrete afspraken gemaakt zijn, maar dat komt vast na dit gesprek. 'Hoop je', fluistert het duiveltje in mijn hoofd. Carla is er gelukkig ook bij, fijn voor de overdracht en vooral ook voor de mentale steun. Want het is vaak hard werken om al die professionals op één lijn te krijgen. En Carla is al 'op onze hand'. Nieuwsgierig peil ik de mentor aan de overkant van de tafel, de enige in het gezelschap die ik nog niet eerder ontmoet heb. Ze houdt zich op de vlakte, laat het woord aan de burgklascoördinator en leunt wat achterover in haar stoel. Niet ongeïnteresseerd, eerder gereserveerd, misschien kijkt ze de kat uit de boom? Zou dat matchen met onze extraverte dochter? Ze oogt als een baken van rust. Dat is fijn als het woelig is.

Ik fluit mezelf terug het gesprek in. Even erbij blijven! We leggen hier de basis voor jaren samenwerking met de middelbare school, ja. Ik voeg weer in. De ambulant begeleider, de brugklascoördinator en onze Carla blijken met elkaar te bakkeleien over de taakverdeling. Ze komen er niet uit omdat de school niet eerder op deze wijze met een externe partij in zee gegaan is, dus is er geen protocol voor. Er blijkt ook nog niet nagedacht of de financiële constructie via het rugzakje wel mogelijk is. Het gesprek dwarrelt alle kanten op en gaat over van alles behalve ons kind. 'Sorry,' zegt de ambulant begeleider dan plotseling, 'ik heb eigenlijk maar twintig minuten, want ik moet naar een andere afspraak. Zullen we op een ander moment afstemmen hoe we dat doen? Misschien moeten we eerst even aankijken hoe het gaat.' Daar ben ik het helemaal niet mee eens, dat heb ik de afgelopen jaren iets te vaak gehoord, maar ik houd wijselijk mijn mond en vraag de mentor hoe het volgens haar gaat in de klas.

'Wat zegt ze daar zelf over, want ze vertelt natuurlijk thuis ook hoe het gaat', kaatst ze behendig de bal terug. 'Tja, ze vertelt niet zo heel veel, school en thuis zijn voor haar twee totaal verschillende werelden. Maar zojuist zei ze wel dat ze dacht dat zij en Iris tot de populaire meisjes behoren, dat is natuurlijk fijn om te horen.' Haar gezicht betrekt, zorgvuldig kiest ze haar woorden en zegt dan: 'Daar schrik ik van. Dat is absoluut niet het geval. Ze wordt juist enorm uitgejouwd en uitgedaagd door de jongens. En tja, Iris, dat is eigenlijk eenzelfde kwetsbaar meisje, die twee vinden elkaar vooral omdat ze verder alleen staan. Ik vind het heel pijnlijk om dat te zeggen, maar dat is wat ik tot mijn spijt zie gebeuren.' Ze kijkt er heel ernstig bij. Ik schiet in de lach. 'Welkom in de wondere wereld van onze dochter. Waarschijnlijk interpreteert ze die aandacht dus heel anders dan hoe wij dat zien. Negatieve aandacht is immers ook aandacht. En als je aandacht krijgt, dan ben je populair. Zo simpel kan het zijn. Zolang zij dat zo ervaart, is er geen probleem lijkt me. Al moeten we natuurlijk wel goed opletten of het niet omslaat. Maar daar zijn we zo te horen op tijd bij, toch?'

De aanvankelijke verbijstering van de mentor, mevrouw Van Druten,
slaat om in nieuwsgierigheid. Zo had ze er nog nooit naar gekeken…
De kop is eraf, we zijn samen op weg.

FRANKA

Nathalia was geweldig, veel humor, duidelijk een klik met onze dochter en ze prikte dwars door de schone schijn die dochterlief voor de buitenwereld ophoudt. Na tweeënhalve maand was ze echter alweer weg. Ze ging toch liever op een kinderdagverblijf werken. Myrthe kreeg geen poot aan de grond. Te lelijk, aldus het genadeloze oordeel van de oudste. Sorry, ik schaam me vreselijk voor mijn kind, maar als zij iets in haar hoofd heeft... Toen kwam Merle, superlief en heel gezellig. Samen chocolademelk drinken in het dorp was hun favoriete bezigheid. Aanvankelijk om elkaar te leren kennen, maar ze gingen er uiteindelijk het hele jaar mee door. Of er daarnaast nog meer gebeurde, durf ik niet goed te zeggen. Laten we het erop houden dat ik in die tijd blij was dat ze even de deur uitgingen. Dat ik verder niet te veel wilde eisen qua ontwikkelingsdoelen. Maar het ging toch schuren. In de brugklas is de omgeving beduidend minder welwillend dan in haar laatste jaar op de basisschool. Haar non-stop schaamteloos getwitter draagt ook niet bij aan de sociale verhoudingen (voor mij trouwens wel een welkome informatiebron om te weten hoe de vlag erbij hangt).

Merle solliciteerde onlangs succesvol als groepsleider bij een instelling voor zwakbegaafde jongvolwassenen. Dus nu komt gezinscoach nummer vier in krap een jaar tijd. Ik mag hopen dat die wat langer gaat blijven. Franka heet ze. Een robuuste, sportieve dame die geen blad voor de mond neemt. Gepokt en gemazeld door onwillige pubers met autisme. Dat komt goed uit, want ons meisje vindt het stom dat Merle weggaat. 'Ik hoef geen nieuwe. Ik wil het niet. Als ze komt, dan zeg ik gewoon niks.' Ik zie haar ervoor aan dat ze het nog doet ook. Toch lijkt het ons nog altijd een goed idee dat er een vertrouwde derde is die zich naast ons ook met haar leven bemoeit, zodat zij er terechtkan als dat nodig is. Maar het moet ook iemand zijn die we kunnen inzetten op plekken waar men vindt dat ouders zich gedeisd moeten houden.

'Ik wil het niet! Ze moet weg! Ik haat haar!' Toch is ze keurig om vier uur thuis als Franka komt. Week in week uit houdt Franka vol. Zoekt een ingang. Met frisse tegenzin laat mijn dochter zich verleiden om samen cupcakes te bakken. In de keuken hoor ik haar vervolgens volop babbelen. Vergeten weerstand te bieden, denk ik met een glimlach. Het sterkt me dat we op de goede weg zijn, al merken we daar niks van aan de buitenkant. 'Waarom doe je me dit aan? Ik haat haar! Ik haat haar!' Van Franka horen we dat ze goed contact hebben zodra wij buiten beeld zijn. Lastig. Want wiens kant van het verhaal weegt het zwaarst?

'Het gaat toch ook best goed', begin ik te twijfelen. 'Is dit wel zinvol?' Bij de ouderbegeleider lucht ik mijn hart. 'Voor Franka is het toch ook vreselijk om elke keer te horen dat ze haar haat?' 'Maar dat zegt ze niet tegen Franka. Dat zegt ze alleen tegen jullie. Maak je over Franka nou maar geen zorgen, die is wel wat gewend. We weten toch dat die dochter van jullie moeite heeft met overgangen. Dit is er zo een. Hou vol. Er komen al barstjes in het schild dat ze opgetrokken heeft. Van buiten sputtert ze nog. Voor de vorm. In de praktijk laat ze Franka al lang toe. Ze is er toch, elke week weer? En ze zegt wel dat ze haar mond wil houden, maar dat kan ze helemaal niet!' Samen schieten we in de lach. Dat is mijn meisje ten voeten uit. Zet 'm op Franka! Wij staan achter je.

TREIN

'Hoe denk je dat je de trein kunt vinden die naar oma gaat?' vraag ik als we het station binnenlopen. 'Dat weet ík toch niet! Dat moet jij doen!' Ze kijkt me aan alsof ik gek geworden ben. 'Ik help natuurlijk mee, je hoeft het niet meteen alleen te doen.' Links en rechts lopen de mensen ons gehaast voorbij nu mijn tiener stokstijf stilstaat middenin de aanlooproute naar de hal van het drukke station. Ze gaat voor het eerst alleen met de trein naar oma. Dat wil zeggen: ik zet haar op de trein en zes stations verderop staat oma op het perron. De logeerpartij was al lang geleden afgesproken, maar door een onverwachte werkafspraak van mijn man heb ik geen auto om haar weg te brengen. En oma heeft het te erg in haar rug om haar op te komen halen. Een goed moment om dan maar eens te oefenen met treinreizen.

Haar twee jaar jongere neef doet dat allang en ook andere leeftijdgenoten zie ik zelfstandig reizen met het openbaar vervoer. Maar voor mijn meisje is dat minder vanzelfsprekend. De bus gaat nog wel, daar heb je een chauffeur die je kunt aanspreken. Maar zo'n trein die maar gewoon gaat rijden en waar je geen grip op hebt... 'Weet je nog dat ik met oma met de trein ging en dat we een heel andere kant op gingen?' Het is al jaren geleden, maar ze vertelt het elke keer als we in de buurt van een station komen. 'En toen stapten we in de trein terug en toen stopte hij niet waar wij eruit moesten!' Waarschijnlijk had oma in de stress met haar paniekerige kleinkind niet gezien dat ze in de intercity was gestapt, maar dat gaat er bij mijn dochter niet in. En die keer dat de spoorbomen zakten terwijl wij nog aan het oversteken waren, ook niet erg bevorderlijk voor haar vertrouwen in de trein. Nee, treinen zijn in haar hoofd definitief gelabeld als onbetrouwbaar.

'Thuis heb je opgezocht hoe laat de trein gaat en vanaf welk perron hij vertrekt. Weet je het nog? Of wil je het nog een keer opzoeken met de app?' 'Nee, haha, natuurlijk weet ik dat nog!' zegt ze verontwaardigd. Hoe durfde ik het te vragen, mijn meisje en getallen vergeten, dat zou wat zijn, zeg. 'Hij gaat om 11 uur 41 vanaf spoor 19. Maar misschien is het veranderd, dat kan toch?!' 'Heel soms gebeurt dat, maar meestal niet. Dat zetten ze dan op het bord en ze roepen het ook om. Laten we ervan uitgaan dat hij gewoon om 11 uur 41 vertrekt van spoor 19. Wat gaan we dan nu eerst doen?' 'Spoor 19 zoeken. Weet jij waar dat is?' vraagt ze hoopvol, om meteen daarna te vragen wat er zojuist werd omgeroepen. Ik luister met haar oren en hoor een kakafonie aan geluid. 'Laat die omroeper maar even kletsen, we zoeken eerst spoor 19. Waar zou dat kunnen zijn? Kijk, daar is spoor 4. Zijn we dan al in de buurt?' Ze vat moed en begint te lopen, de focus ligt nu op het zoeken van spoor 19 en ik zie hoe al het andere uit haar blikveld verdwijnt. 'Hier!' roept ze iets te enthousiast voor haar leeftijd.

De trein staat er al. We kijken op het bord om te checken of het klopt. Het klopt. Ze telt de stops, check dubbelcheck. 'Maar wat nou als het verkeerd op het bord staat?' vraagt ze onrustig. 'Je kan het altijd vragen aan de conducteur, die staat daar.' En dat gaat ze doen. Helemaal zelf. Gerustgesteld stapt ze in de trein. 'En als oma er nou niet is? Of als ik op het verkeerde station uitstap?' 'Daar hebben we het al over gehad. Wat doe je dan?' 'O ja, ze roepen om welk station het is en ik kan zelf kijken of het klopt. En als oma te laat is, wacht ik op het perron en ik kan haar bellen.' Ik steek mijn duim omhoog.

'Hoi mama,' sms't ze als ze twee minuten onderweg is, 'ik zit hier goed en eet een boterham XXX'. Ik voel een kriebel in mijn buik. Een beetje van spannend en een beetje van leuk. Daar gaat ze, mijn grote dochter, weer een mijlpaal.

GIPS

'Wat gaan ze nou doen?' vraagt ze benauwd terwijl ze, twaalf jaar groot, tegen me aan gekruld zit. Op de röntgenfoto was zojuist te zien dat haar pols gebroken is. Om precies te zijn, een twijgbreukje in het spaakbeen, aldus de dokter. Dus nu zitten we te wachten bij de gipskamer. Het klinkt als een routinehandeling voor het ziekenhuis. 'Het valt allemaal reuze mee, vaak zetten we het niet eens in het gips. Zolang ze in de groei zijn, zijn de botten flexibel en buigen ze gemakkelijk. Maar ze is nog jong, dus dat geneest snel. Zoek maar een leuk kleurtje uit!' zei de dokter monter terwijl hij de spreekkamer alweer uit banjerde. Maar voor mijn meisje is het de eerste keer. 'Als het reuze meevalt en ze het vaak niet in het gips zetten, waarom moet ik dan wel gips?' vraagt ze terecht. 'Hoezo heb ik takjes in mijn lijf? Dat vind ik eng! Dat wil ik niet!' 'Gaan er nog meer botten breken, want dat kan heel makkelijk zegt de dokter?!' 'Hoe lang moet ik dan gips?' 'Waar moeten we nu naartoe?' 'Waarom doet de dokter dat niet zelf?' 'Hoe gaan ze dat dan doen?' 'Doet het pijn?' 'Welke kleuren zijn er en hoe maken ze dat?' 'Waarom moeten we wachten?' 'Hoelang moeten we wachten?' 'Hoelang duurt het om gips om je pols te doen?' 'Doen ze het alleen om mijn pols?'

Zo goed mogelijk geef ik antwoord, ruim ik misverstanden uit de weg en sus ik de groeiende onrust door zoveel mogelijk bij de feiten te blijven. Maar ik wéét niet hoe lang we moeten wachten, of het pijn doet, hoe lang het gips erom moet blijven en tot waar de arm ingegipst wordt. Ik voel hoe de temperatuur in haar lijf oploopt, haar adem zit steeds hoger, zo gespannen als een veer blijft ze vragen op me afvuren omdat mijn antwoorden haar niet genoeg houvast geven. Om me heen bladeren mensen in tijdschriften, turen op hun mobieltjes en wachten lijdzaam hun beurt af. Ik hoop maar dat we straks een begripvolle gipsmeester hebben. Eentje die zich er niet met een grap en een grol van afmaakt, maar die ziet wat voor vlees hij in de kuip heeft. Ik zou natuurlijk ook om een auti-vriendelijke gipsmeester kunnen vrágen. Zodra die gedachte oppopt, weet ik dat het een goed idee is. Maar ik durf er niet meteen aan toe te geven. Misschien vinden ze me een aansteller. Ik herinner me als de dag van gister hoe ik in ditzelfde ziekenhuis werd afgewimpeld toen ik bij het bloedprikken probeerde duidelijk te maken hoe angstig mijn meisje is. Het zijn toch allemaal vakmensen, hoezo zou je eraan twijfelen dat de een beter dan de ander met haar kan omgaan? En je hoeft toch ook niet alle rimpels glad te strijken van tevoren, andere kinderen ervaren ook hobbels. Met een schuin oog kijk ik naar het hokje waar zo te zien de afdeling planning van de gipskamer zit. Als ik dáár meld dat mijn meisje een gebruiks-aanwijzing heeft, zijn ze voorbereid en hoef ik niet over het hoofd van mijn kind heen over haar te praten. Moet ik me wel zien los te maken uit onze innige omstrengeling, en wat zeg ik dan dat ik ga doen?

'Ik ga even wat vragen aan de verpleegsters. Hou jij ons plekje bezet. Ik ben zo terug.' Verward knikt ze van ja. Terwijl ik me uit de voeten maak, roept ze nog: 'Wat ga je dan vragen?' Achter de balie zijn ze druk met elkaar en de computer, ze kijken niet op of om. Ik kan niet te lang blijven staan wachten, dan staat geheid mijn dochter achter mijn hakken. 'Mag ik even iets vragen?' breek ik brutaal in, terwijl ik over mijn schouder kijk of de kust nog veilig is. 'Mijn dochter heeft autisme en moet zo meteen haar pols laten gipsen. Het is fijn als de gipsmees-ter haar steeds van tevoren vertelt wat hij gaat doen. Zo concreet mo-gelijk, zonder al te veel beeldspraak. Je helpt haar door vastberaden door te werken, zonder al te veel vragen te stellen. Misschien fijn om dat alvast door te geven aan de gipskamer?' Mijn hart bonkt in mijn keel, er zit pap in mijn benen en de tranen branden achter mijn ogen. Ik ben doodsbenauwd dat ze me als overbezorgde moeder terugstu-ren naar de wachtkamer. 'Wat fijn dat u dat even komt melden! We geven het door en kijken even wie het meest geschikt is voor haar. Is het voor haar ook lastig om te wachten? We kijken wel of ze ertussen geschoven kan worden. Wat is haar geboortedatum?'

Op vleugels loop ik terug. Zo kan het dus ook!

WEG

Wat een vreemde berichten op haar twitteraccount: 'Ik ga weg', 'Hij is verschrikkelijk. Ik hou het hier niet meer uit', 'Ga mijn koffer pakken maar waar moet ik heen?' Ik heb een lange vermoeiende vergadering achter de kiezen en moet nog een eind rijden. Even met mijn man bellen wat er aan de hand is. Hij blijkt iets te koken waar zij geen zin in heeft. Ze heeft enorme stampij gemaakt en is met knallende deuren en veel misbaar naar haar kamer gegaan. Zolang ze twittert is ze thuis, want ze heeft geen data-abonnement. 'Het zal zo'n vaart niet lopen', sust mijn man. Onderweg houd ik met een half oog twitter in de gaten. (Ik hoop maar dat ik geen boete krijg.) Het voelt niet goed. Anders dan anders. 'Bij de super, oké! Ben er met tien minuten. Love you!' verschijnt dan plots in beeld. Dit is niet oké. Ik ga haar bellen.

'Hé meissie, hoe is het? Ik hoor net van papa dat jullie ruzie hebben. Gaat het?' 'Hij is mijn vader niet meer!' briest ze pathetisch. 'Ik verbied je zijn naam te noemen! Ik kan niet met hem in één huis leven. Jij moet hem wegsturen of ik ga weg. Dit is geen leven.' 'Eh, welke film heeft ze gezien?', is het eerste wat in me opkomt. Vanochtend bij het ontbijt was alles nog koek en ei. Hoe zijn we plotsklaps in dit toneelstuk beland? Niet lachen nu, ook niet sussen, voor haar voelt het echt. Maar ik wil haar ook niet serieus nemen, dat voelt alsof ik mijn man afval. Ingewikkeld. 'Ben je thuis nu?' 'Ja. Ga je hem wegsturen?' 'Schat, dat kan niet. Dat wil ik ook niet. Hij is mijn man en ik hou van hem, ook al vind jij dat raar. Ik snap...' 'Jij snapt er helemaal niks van! Ik snap niet dat jij met die, die, die, dat vreselijke mens bent. Dan ga ik weg. Jij geeft niks om mij. Jullie haten mij.' 'Jij mag best ruzie met papa hebben', doe ik een poging om een en ander in perspectief te zetten, 'en ik wil je graag helpen. Want ik hou van je en hoe moeilijk je ook doet, ik blijf. Altijd. Luister, ik ben nu nog onderweg. Het duurt ongeveer een halfuur voordat ik thuis ben. Blijf maar op je kamer. Ik zal tegen papa zeggen dat je niet komt eten. Als ik dan thuis ben, kunnen we samen praten.' 'Nee,' zegt ze glashard, 'dat doe ik niet. Ik heb mijn tas al ingepakt en er komen zo twee vriendinnen naar de super en daar ga ik slapen. Ik blijf hier niet.' Twee vriendinnen? Die heeft ze helemaal niet. Waar komen die opeens vandaan? 'Wacht dan met die twee vriendinnen tot ik thuis ben. Dan kunnen we even rustig praten, dat is wat ingewikkeld nu in de auto.' 'Maar ik kom niet naar huis!' 'Dan spreken we ergens buiten af. Op de parkeerplaats bij de doe-het-zelf, hoe is dat?' 'Dat is goed', zegt ze tot mijn grote opluchting. 'Doei mam, tot zo', sluit ze af met haar gewone, vertrouwde stem.

Pffffff, één balanceer-act volbracht. Als ik mijn man bel, weet hij niet weet of hij moet lachen of boos worden van de hele toestand. 'Ik laat haar gewoon vertrekken, hoor. De dramadiva. Maak je nou maar niet te druk, dat komt wel weer goed. Wij gaan alvast eten, ik bewaar wel wat voor jou. Je weet dat ik moet werken vanavond, hè? Zorg je dat ik op tijd de auto heb?' Altijd praktisch, die man van mij. Ik weet wel dat 'gewone' pubers ook heftig kunnen zijn, maar dit exemplaar slaat meteen zo door. Wie zouden die meiden zijn, die haar nu opwachten? Zomaar mensen van twitter, kinderen uit haar klas, van dansen? De meiden van de basisschool die haar min of meer gedoogden, zijn niet meer in beeld. Er is een ouder meisje dat twee straten verderop woont, maar die twittert bij mijn weten niet. Zou het die dansvriendin zijn waar ze het vaker over heeft? Maar hoe goed kennen die elkaar nu helemaal? Wat heeft ze hen op de mouw gespeld? Wat denken die kinderen over ons? Dat ze het slecht heeft? Nou ja, dat denken alle pubers over hun ouders.

Langzaam filerijdend dwarrelen de gedachten door mijn hoofd. Wat moet ik doen als ze straks écht niet mee naar huis wil? Wat dan? Zal ik Franka bellen? Maar ik moet dit toch zelf kunnen oplossen, verdorie. Daar ben ik toch moeder voor? Of is dit het moment om juist wel die coach van buiten in te schakelen? Zoals we een jaar geleden bedacht hadden? Mijn man lacht me vast uit als ik dat doe. Hij heeft mooi praten. Hij maakt ruzie met haar, gaat straks werken en ik zit met de gebakken peren.

'Je doet het hartstikke goed', zegt Franka hartelijk. 'Je hebt een lijntje met haar gelegd en zolang dat niet verbroken is, heb je contact.' Ja, zo kun je het ook zien, daar zit wat in. 'Probeer haar mee naar huis te krijgen. Zeg haar desnoods dat het alleen is om te praten en dat ze daarna weer weg mag gaan. Als ze eenmaal binnen is, dan is de kans groot dat ze wel gaat blijven. Als je wil, kom ik naar je toe. Ik kan ook met haar bellen? Zeg maar wat jou helpt.'

'Kirstins moeder heeft gezegd dat het goed is als ik kom slapen', zegt ze als ik koud geparkeerd sta op de donkere parkeerplaats bij ons om de hoek. De naam Kirstin is nog nooit gevallen, hoezo vindt zo'n moeder dat goed zonder eerst even met ons af te stemmen? Ik doe alsof ik het niet gehoord heb. 'Kom even bij me in de auto zitten, dat is wat warmer', probeer ik haar los te weken van haar twee bodyguards. Het lukt. Eerst laat ik haar vertellen. Voorzichtig leg ik een hand op haar been. Hij mag blijven liggen, dat is een goed teken. 'Papa moet werken vanavond, dus die is straks weg. Laten we thuis overleggen wat we gaan doen. Hier op deze koude donkere parkeerplaats vind ik dat niks.' 'Maar ik blijf niet thuis slapen als hij ook thuiskomt!' bezweert ze me. 'Daar kunnen we het over hebben', zeg ik gewiekst. 'Zeg maar tegen je vriendinnen dat je ze op de hoogte houdt, en bedank ze dat ze gekomen zijn. Zeg maar dat je moeder er nu is, en dat het goed is zo.' En dat doet ze.

Thuis praat ik de blaren op mijn tong. Ze laat zich niet overhalen. Ze heeft in haar hoofd dat ze niet thuis slaapt en dat gaat er niet uit. Als daarna Franka vijf kwartier met haar gebeld heeft (met drie keer ophangen tussendoor) komt ze me zeggen: 'Oké, ik blijf. Maar alleen voor jou. En omdat Franka zegt dat het beter is.'

KORTSTE DAG

Als om tien voor zeven de wekker gaat, kruip ik nog iets verder onder de dekens. Brr, wat is het koud en donker, mag ik nog even blijven liggen alsjeblieft? In de woonkamer laat ik deze decemberweken dag en nacht de kerstlampjes branden. Dan oogt het 's ochtends wat vriendelijker als we beneden komen. Het helpt een klein beetje in de strijd tegen de donkere dagen. En met zijn allen tegen elkaar hangend op de bank films kijken is ook best knus. Toch verlang ik naar het lengen van de dagen. Niet in de laatste plaats omdat mijn winterdepressieve huisgenoten dan ook weer uit hun lethargie geraken en ik niet meer in mijn eentje het gezin op sleeptouw hoef te nemen. Ieder jaar is het opnieuw zoeken hoe ik niet bedolven raak onder die verstikkende deken van energieloosheid. 'De bordjes volgen' is een gevleugelde uitdrukking geworden in ons gezin en staat voor 'blijven doen wat goed voor je is'. Dat geldt niet alleen voor hen maar ook voor mij, dus hopla, het bed uit en dapper aan de dag beginnen.

'Vandaag is de kortste dag, vanaf morgen wordt het weer langer licht', ontvang ik de meiden opgewekt aan de ontbijttafel. 'Hoelang duurt het dan voordat het weer licht is als ik terug naar huis fiets uit school?' vraagt de jongste. 'Dat het 's ochtends donker is, dat vind ik niet zo erg, maar als ik uit school kom, voelt het alsof de dag alweer voorbij is en dan ben ik alleen maar naar school geweest. Dat is toch geen leven!' Ik doe mijn best niet in lachen uit te barsten en ze is erg teleurgesteld als ik vertel dat het heel langzaam gaat en ze er half januari pas echt iets van gaat merken.

Ondertussen zie ik de oudste steeds onrustiger worden. 'Ik wil dat niet', zegt ze bozig. 'Wat wil je niet?' vraag ik verbaasd. 'Wil je niet dat het weer langer licht wordt? Dat is toch juist fijn?' 'Maar ik wil niet dat de dag steeds korter wordt.' 'Nee lieverd, dat is juist vandaag voor het laatst, vandaag is de kortste dag.' Vertwijfeld kijkt ze me aan. Haar lip begint te trillen. Ik zie hoe de onmacht haar overspoelt. Verontrust vraagt ze: 'Krijgt de dag dan nooit meer 24 uur?'

OUD EN NIEUW

'Mama, ik heb gezien dat we een leuke buurjongen hebben', giechelt ze samenzweerderig. O jee, een nieuwe fase breekt aan, ik ben benieuwd wat ons nu weer allemaal boven het hoofd hangt. 'Nou, ga dan eens naar buiten, dan kom je hem misschien tegen', opper ik. Als dit een manier is om haar naar buiten te krijgen, vooruit dan maar. We zitten deze kerstvakantie in een huisje in een klein bungalowpark en ze is al dagenlang met geen stok de deur uit te krijgen. Maar ze trapt er niet in en blijft zitten waar ze zit. Dus wij gaan ook door met wat we doen.

De kerstvakantie is onze spelletjes- en leesvakantie. Verboden voor laptops, Nintendo's, iPod-touch's en wat dies meer zij. Ingesteld door de kinderen, die hun ouders ook wel eens zonder laptop wilden zien, maar nu we een paar jaar verder zijn, is het voor iedereen een even grote straf. Of zegen. Hier vieren we ook oud en nieuw. Ver weg van alle geknal dat onze oudste een gruwel is. Al jaren beklimmen we 's nachts in het pikkedonker de trap van de hoogste duin. We zien dat het twaalf uur is als in de omliggende dorpen kleurrijke pijlen de lucht in worden geschoten en we het gedempte geknetter horen van Chinese duizendklappers. Wie durft, mag zijn nieuwjaarswens met zijn eigen vuurpijl vanaf die hoge duin het nieuwe jaar in sturen. Elk jaar weer een belevenis. Op een afstandje en toch erbij. Och, ik weet nog hoe we tobden die eerste jaren dat we van niks wisten. Toen ze klein was, zag ik wel dat ze het te spannend vond en keken we naar het vuurwerk vanachter het raam. Maar zelfs dat was vaak te veel. Met een koptelefoon op tegen de herrie keek ze één minuutje en wilde dan de gordijnen weer dicht hebben. De hele week had ze dan al nauwelijks geslapen omdat ze bij iedere knal verschrikt beneden stond en niet alleen durfde te zijn. Die keer dat ik haar, vierenhalf jaar oud, op de arm mee naar buiten nam om de buren gelukkig nieuwjaar te wensen, vergeet ik niet snel. Ze klemde zich als een aapje aan me vast en wrong haar koppie onder mijn oksel, was onbereikbaar en gromde naar iedereen die te dichtbij kwam. Lekker begin van het nieuwe jaar in onze nieuwe buurt waar we net waren komen wonen. Ik schaamde me dood. Ik vond het natuurlijk ook zielig voor dat bange meisje. Dus het jaar daarop kozen we eieren voor ons geld en zochten een rustige plek om onze eigen oudejaarstradities te ontwikkelen. De tijd vliegt, dat is ook al weer zeven jaar geleden.

Als ze 'niet wéér naar dat huisje in Zeeland, hè?' verzucht als we kerstvakantieplannen maken, ben ik eerst verbaasd. Dat is spannend, dat is helemaal nieuw. Het voelt kwetsbaar om haar daarin te volgen, want we hebben samen zo'n goeie modus gevonden voor die kerstvakantie. Zou het lukken om die vertrouwde gezelligheid ook ergens anders te creëren? Ik vrees dat we dan vooral bezig zijn met angsten bezweren en routines ontwikkelen om veiligheid te bieden. Aan de andere kant: ze heeft dit jaar voor de tweede keer medicijnen tegen winterdepressie. Die medicijnen hebben als plezierig bijeffect dat ze een stuk toegankelijker is en zich meer door ons laat helpen. Misschien gaat het wel lukken. Het is ook een kans, gaat er door mijn hoofd. Maar een kans voor wie? Voor mij, voor ons, om ook ergens anders naartoe te kunnen gaan? Of een kans voor haar, om in beweging te komen en te onderzoeken of ze zich staande houdt? Trekken we het als dat moeizamer blijkt dan we hoopten? Dat betekent dat we ons moeten instellen op een vakantie die zwaar kan tegenvallen. Maar als het lukt, is dat een geweldige nieuwe ontwikkeling. We besluiten het erop te wagen. Het is even zoeken, maar het lukt om een andere plek te vinden, buiten de bebouwde kom, kleinschalig, redelijke kans op vuurwerk-rust. Het is geen topweek, maar het gaat ook niet heel slecht. We doen een stapje terug. Maken net als vroeger dagschema's, houden de teugels strak en zo komen we een eind. We hebben geleerd.

Oudejaarsmiddag kopen we samen in het dorp onze pijlen en als we het terrein oprijden, zegt ze: 'Ik denk dat ik die buurjongen vannacht verkering vraag.' Omdat ze nog altijd geen woord met hem gewisseld heeft, liggen we in een deuk, maar ze is bloedserieus. 'Hij ziet er leuk uit, maar hoe weet je nou of hij ook leuk is?' vraag ik haar. Dat blijkt helemaal niet belangrijk: 'Dat weet ik ook niet, maar 1 januari lijkt me zo'n mooie datum om voor het eerst verkering te krijgen.' Klokslag twaalf uur stelen we nog nét een zoen en dan rent ze naar buiten, naar de buurjongen. Haar zus moet mee, dat wel. En dan geschiedt het wonder. Nee, ze krijgt geen verkering. Maar voor het eerst in haar leven hoeft ze ons niet vast te houden als buiten het vuurwerk wordt afgestoken. Ze flirt en ze giechelt, ze steekt zelfs met veel poeha een lont in brand. Opgetogen zie ik het aan, ik ben blij en ook moe en in de war. Wat gebeurt er toch allemaal met mijn meisje? Wat verrast ze me toch telkens weer. In het donker ziet niemand mijn tranen. Dit was een weekje ploeteren dubbel en dwars waard. Kom maar op, nieuw jaar!

TANDARTSFEEST

Sinds de kindertandarts naar een ander pand verhuisd is, hebben we nieuwe routines. Ik zet haar af voor de deur en ze gaat zelf naar binnen terwijl ik ga parkeren. Als ik dan de wachtkamer binnenkom, is zij al naar de wc geweest (altijd eerst naar de wc, dat blijft). Zolang we niet te lang hoeven wachten, blijft de stemming *up*. 'Hoe lang komen we hier nu al?' vraagt ze naar de bekende weg. 'Is het echt waar dat ik vroeger moest huilen? Dat doe ik nu niet meer, hè? Weet je nog dat ik altijd een ijsje mocht na een verdoving?' 'En weet jij nog dat ik altijd naast je moest komen zitten als je in de stoel ging?' vraag ik haar. 'Hahaha, echt niet. Waar was dat voor nodig dan?' Het lijkt bijna op een gezellig uitje, zo'n tandartsbezoek. Ze gaat nog net niet fluitend naar boven als de tandarts haar roept, ik hoef niet meer mee.

Wat een contrast met de jaren dat ze behoedzaam losgeweekt moest worden uit de wachtkamer, toen we codes op de kalender moesten gebruiken om wekenlange onrust te voorkomen, en de assistente verschrikt om de hoek kwam kijken als ze gilde als een speenvarken. Het lijkt nu zo onwerkelijk, ik kan bijna niet geloven dat we dat echt meegemaakt hebben. Het helpt dat ze al een hele tijd geen gaatjes heeft (lang leve de gesealde kiezen), dat ze erop vertrouwen kan dat een controle alleen een controle is én dat ze al die jaren dezelfde geduldige, doortastende, bekwame tandarts heeft. Het is zo mooi om te zien hoe ze groeit. Ook met ieniemienie-muizenstapjes kom je verder. 'Officieel is het de bedoeling dat kinderen na een of twee jaar weer naar hun gewone tandarts teruggaan, maar jouw dochter mag hier voor altijd blijven', zei de tandarts zeven jaar geleden, toen ik bezorgd informeerde hoe we haar ooit in een gewone tandartsstoel gingen krijgen. Voor het eerst kan ik me voorstellen dat ze op een dag toch die overstap gaat maken. Alles op zijn tijd, mijmer ik compleet ontspannen terwijl ik op haar wacht.

'Kijk, er is iets nieuws! Je kunt nu stempels verzamelen voor cadeautjes!' komt mijn bijna dertienjarige enthousiast de trap af gestuiterd.

Ze loopt meteen naar de balie om een nieuwe afspraak te maken, het moet niet gekker worden. Als we samen naar de auto lopen, vraagt ze hoopvol: 'Denk je dat Diana van me houdt? Ze kent me al zo lang en ze lacht altijd naar me, denk je dan dat ze van me houdt?'

PARIJS

'Jullie gaan altijd leuke dingen doen zonder mij, ik wil ook mee als jullie op vakantie gaan.' Oef, au, als donderslag bij heldere hemel, *de dag die je wist dat zou komen*, gevoelige plek. Maar die dingen zijn niet leuk als jij meegaat, want als jij het niet leuk vindt, is het voor niemand meer leuk en is het alleen maar geploeter, gromt het in mijn hoofd, maar dat is natuurlijk geen antwoord. 'Wat bedoel je precies?' vraag ik dus maar. 'Nou, ik hoef niet te wandelen in de bergen, dat vind ik stom, maar jullie zijn naar Londen geweest en dat zou ik ook wel willen.' Kijk, dat is interessante informatie. 'Wat stel je je daar dan bij voor? Wat lijkt je daar zo leuk aan?' Ze rolt met haar ogen, 'Gewoon, dat lijkt me gaaf. Ik wil bijvoorbeeld wel naar New York, want daar kun je goed shoppen.'

Er gebeurt van alles tegelijk in mijn hoofd: er opent zich een vergezicht van *one happy family* flanerend door wereldsteden. Ik zie een dwingende oudste die ons van H&M naar Bershka en McDonalds dirigeert, ik zie ons opgesloten op een hotelkamer zitten als het shoppen gedaan is en we nog vier dagen 'over' hebben. Dan weer switcht het beeld naar wij met ons vieren boven op het Vrijheidsbeeld, met de wind in onze haren en een aardige medetoerist die ons op de foto zet. Misschien zijn steden wel het toverwoord, kunnen we van stad naar stad trekken… Mijn verlangen om met het hele gezin te reizen, is blijkbaar nog niet gedoofd. Al weten we al tien jaar beter, ze hoeft me maar één vinger te geven en ik wil de hele hand alweer. Niet handig mama, reëel blijven.

'Zullen we dat doen dan, een keer naar New York?' De oudste laat er geen gras over groeien. Ik schiet spontaan in de lach. 'Waarom lach je nou? Lach je me uit? Ik mag toch ook wel een keer verzinnen waar we op vakantie naartoe gaan?' 'New York is meteen wel heel ver weg en erg duur, maar ik wil er wel over nadenken. Dan moet je wel goed bedenken dat we niet alleen gaan shoppen. Zo'n stad bezoeken, daar hoort ook bij dat je gebouwen bekijkt, naar musea gaat, een kerk binnenloopt, dat soort dingen. Natuurlijk overleggen we met jullie en gaan we ook wat drinken op een terrasje, uit eten en kunnen we jullie een middagje laten shoppen, maar we gaan niet naar een stad in het buitenland alleen om te shoppen. Hoe klinkt dat?' Ze aarzelt even. 'Deden jullie dat ook in Londen?' 'Jazeker, we zijn in de London Eye geweest, maar ook naar Tate Modern met schilderijen en het National History met skeletten van dino's en we hebben heel veel gewandeld door de stad en bijvoorbeeld gepicknickt in het park.' 'Ik wil dat wel proberen', zegt ze met een klein stemmetje. Ach gossie, de lieverd. 'Als we nou eens oefenen als we naar Disneyland Parijs gaan. Dan gaan we ook een dagje naar Parijs.' 'Daar zijn we toch al heel vaak geweest!' 'Jawel, dat is wel zo, maar dan gaan we in Parijs iets doen dat papa en mama willen én iets wat jullie willen doen. Dan kunnen we kijken of het werkt.' 'Maar we zijn al heel vaak in Parijs geweest. Dat vind ik saai. Ik wil ergens ánders naartoe.' 'Dat snap ik wel en toch, Parijs is heel groot en er is ook nog heel veel dat je niet gezien hebt. Als het dan goed bevalt, kunnen we voor de zomervakantie bedenken wat we gaan doen.' 'Dan wil ik wel naar Italië!' 'Rome, Napels, Florence, dat lijkt me gaaf, wel warm in de zomer maar wie weet. Zullen we eerst oefenen met Parijs dan?' 'Oké', zegt ze en ik voel hoe we ons op een nieuw terrein begeven.

CENTRE POMPIDOU

Disneyland, daar is ze goed in, pretparken in het algemeen eigenlijk wel. Vooral achtbanen, hoe hoger en sneller, hoe liever. Dat wachten in de rij is niet altijd leuk, maar met raadsels en spelletjes overbruggen we het wel. Ook al zijn we hier voor het eerst, de opzet van pretparken is voor haar blijkbaar uniform genoeg om zich op haar gemak te voelen. Niets voor mij trouwens, maar dat is een ander verhaal. Gister Disneyland, vandaag Parijs, dat was de afspraak. We gaan oefenen om te kijken of ze met ons mee op stedentrip wil gaan. 'We gaan naar een museum voor papa en mama en de kinderen mogen ook iets kiezen', zo legde ze het aan oma uit. Op naar Centre Pompidou dus, kunnen we ons eerst vergapen aan het gebouw en de straatartiesten op het plein en dan naar binnen. Toegankelijke kunst, altijd wel wat geks te zien, dat moet lukken.

'O kijk, er is een Starbucks, gaan we daar koffiedrinken?!' is het eerste wat ze roept als we aan komen lopen. Ik slik mijn ergernis in en besluit er mijn voordeel mee te doen: 'Als jij in het museum een uur lang rondkijkt en meedoet zonder te zuchten en te zeuren, gaan we daarna naar de Starbucks.' Verontwaardigd kijkt ze me aan. 'Dat heb ik toch al beloofd', zegt ze boos. Dat is ook zo, ik hoef het er niet in te wrijven, ik dacht alleen dat een aantrekkelijke beloning in het verschiet zou helpen bij de motivatie. Maar ze is vast voornemens zich van haar beste kant te laten zien. 'Gaan we naar binnen?' zegt ze. 'Eerst even rondkijken, heb je al gezien hoe die roltrappen aan de buitenkant van het gebouw zitten? Toen het gebouwd werd, was dat heel modern. Grappige kleuren ook voor zo'n serieus gebouw, vind je niet?' Ze haalt haar schouders op. 'Gaan we nou naar binnen?' 'Wil je niet eerst nog even kijken bij de tekenaars en die bellenblaasmeneer?' 'Mogen we ons laten tekenen dan?' 'Nee dat niet, maar gewoon kijken hoe ze dat doen is toch ook leuk?' 'Maar we kwamen toch voor het museum? Zullen we dus naar binnen?' Oké dan, misschien dat ze, als we binnen zijn geweest, de rust heeft om ook te kijken wat zich rondom het gebouw afspeelt.

'Is dit het?' Ze kijkt rond in de groots opgezette, vrijwel lege benedenhal. 'Hier kopen we de kaartjes, daarna gaan we met de roltrappen omhoog en daar is het museum.' 'Waarom zit dat boven? Wat is hier dan?' Ik weet het ook niet goed en terwijl ik het sta uit te vinden en mijn man de kaartjes koopt, loopt ze al richting roltrappen. 'Hierheen toch?' In vijf stappen ben ik bij haar, de alert-stand staat hoog, merk ik. Relax, spoor ik mezelf aan, het is allemaal goed, laat de stress bij haar en neem hem niet over. 'Het is leuk om aan de buitenkant van de roltrap te gaan staan, hoe hoger je komt, hoe meer je van Parijs ziet. Misschien zie je de Eiffeltoren wel', moedig ik haar aan haar blik naar buiten te richten. 'Ik zie niks', zegt ze nors, dus laat ik haar maar.

'En nu?' zegt ze als we binnen zijn. 'Kijken', zeg ik (want ze wilde geen speurtocht, dat was kinderachtig) en plotseling voelt het als een totaal zinloze bezigheid. Daar sta ik dan. Midden in Centre Pompidou. Ik ben helemaal kwijt waarom dat leuk zou kunnen zijn. Een paar jaar geleden gingen we 'wandelen' in het Louvre en kreeg ze de opdracht om piemels te tellen. Ik snap dat ze houvast nodig heeft, maar ik kan het even niet verzinnen. Ze beloofde haar best te doen, maar ik merk er niks van. Gloeiend kruipt de onmacht in mijn lijf. Dit gaat niet werken. Hoe had ik dat ook kunnen denken. Mijn man lachte me vierkant uit toen ik vertelde over dit oefenplan en weigerde te geloven dat de oudste echt naar Rome zou willen gaan. Stiekem maakte ik al plannen voor de zomervakantie. Als we de verwachtingen wat zouden bijstellen, zou het misschien wel lukken. Niet te veel op één dag, een mix van cultuur en vermaak, een goed huisje of hotel om tot rust te komen, ik droomde ons al samen op reis. En nu sta ik hier bij ons eerste experiment en ik sta al meteen op ontploffen. Lekker dan.

'Nee! Niet doen!' Ik kan haar er nog net van weerhouden het schilderij aan te raken. 'Dat schilderij is zo heftig, ik moet het gewoon aanraken', zegt ze. 'Mag ik de lijst wel aanraken? En deze dan?'

134| Mijn man staat met de jongste voor een Picasso. De stippen van Pollock helpen me tot tien te tellen, tot twintig, tot vijftig. Langzaam zakt mijn adem, wordt mijn hoofd weer helder. Ik herhaal mijn mantra: ze doet het niet expres, het is geen onwil maar onmacht. Het bloed komt weer terug onder mijn nagels. Ik pak haar onder mijn arm en druk haar stevig tegen me aan. 'Kom, we gaan gekke schilderijen kijken, vertel me maar eens wat je ziet en op het eind kiezen we er eentje uit die we wel mee naar huis willen nemen.' 'Mag dat dan?' vraagt ze met grote ogen. 'Nee gekkie, ik bedoel dat we ieder een schilderij kiezen dat we het mooist vinden, dat we thuis wel zouden willen hebben.' 'Oooow, nou, ik denk niet dat er iets is dat ik zou willen hebben', zegt ze eerlijk. 'Je mag ook kiezen welke je het lelijkst vindt.' En daar gaan we.

INZICHT

De impuls om schilderijen aan te raken is zo heftig, het laat zich nauwelijks bedwingen. 'Maak er maar een foto van', zeg ik in een opwelling en dat werkt gelukkig. Wat is ze dapper, ik ben zo trots op haar (en ook een beetje op mezelf). Na drie kwartier is het op. Slap hangt ze tegen me aan, haar lijf dampt en stoomt alsof ze een marathon gelopen heeft. Ik schrik als ik zie hoe alle kleur uit haar gezicht getrokken is, ze is bekaf. Zo hard haar best gedaan, ik voel me bijna schuldig. 'Kom, dan zoeken we een rustige plek met een bankje. Kunnen we daar wachten totdat papa en je zus klaar zijn.'

Stil zitten we naast elkaar. Of beter, ligt zij op mijn schoot terwijl ik naar de mensen kijk. Na een minuut of tien komt ze plotseling overeind. 'Mama, dit kan ik echt niet een halve vakantie. We moeten maar gewoon weer naar ons huisje in Frankrijk, dat vind ik fijner.' Ach, de lieve schat, met moeite slik ik mijn tranen weg. 'Dat is goed, meisjelief, dan doen we dat. Ik vind het heel stoer dat je het geprobeerd hebt. Nu weten we dat het niet bij jou past. Dat is niet erg. Zo is iedereen verschillend.' 'Ja', zegt ze met een diepe zucht. Onderhuids voel ik hoe er van alles gebeurt. Voor het eerst lijkt ze open te staan voor het anderszijn, er niet langer tegen te vechten. Ik aarzel of ik er nog iets aan toe mag voegen. 'Vind je het erg als wij met zijn drieën dit soort dingen doen als jij bijvoorbeeld naar danskamp gaat?' 'Nee, natuurlijk niet, want ik wil dit niet en jullie wel. Ik hou van danskamp en dat willen jullie weer niet.'

En zo is het. Wat een mooie stap. Dank je wel, Parijs.

HANDTEKENINGENACTIE

Op haar Facebookprofiel staat een raar berichtje. Iemand waarschuwt dat er een handtekeningenactie opgestart is om haar uit de klas te krijgen. 'Hahaha, ze doen maar', heeft mijn dochter gereageerd. Ik lees en herlees en probeer te begrijpen wat er gaande is. Vlak voor de meivakantie hadden we groot overleg. Iedereen was optimistisch gestemd. De mentor had wel zorgen over de regelmatig terugkerende incidenten met een paar jongens, die in hun verlangen naar een duidelijke pikorde door ons meisje gedwarsboomd worden omdat ze daar geen gevoel voor heeft. Sterker, de negatieve aandacht die ze daarmee over zich afroept, ervaart zij als een teken dat ze populair is, want ze krijgt aandacht. De teamleider zegt er een beetje moe van te worden dat ze om de haverklap met zijn allen bij hem op de stoep staan, maar benadrukt dat het gedoe ook bij deze klas hoort. Omdat het onduidelijk is of er ook sprake is van pesten en hoe structureel dat wel of niet is, stellen ze een observatie voor en is het plan om via een vragenlijst, waarbij de kinderen aangeven met wie ze bevriend zijn, de hiërarchie boven water te krijgen. Maar wat is nou een handtekeningenactie om een kind de klas uit te krijgen? Waar komt dat vandaan? Wie heeft dat bedacht?

'Hé, meisjelief, ik zag in je timeline een bericht over een handtekeningenactie. Wat is dat, weet je dat?' 'Pff, ja, weet ik veel, de klassenvertegenwoordiger schijnt dat te doen. Hij doet maar, heb ik gezegd.' Ze lijkt het laconiek op te vatten, misschien til ik er te zwaar aan? Ik wil geen moeilijkheden zien waar ze niet zijn, maar dit voelt helemaal niet goed. Hoe kan ik haar dat duidelijk maken, zonder haar – misschien voor niks – bang te maken? 'Weet je, het lijkt me niet iets om via Facebook te bespreken, haal dat berichtje maar weg en dan zien we morgen wel wat er nou echt aan de hand is.' 'Maar ik heb toch niet boos gereageerd? Dat is toch wat ik van jou moet doen: negeren en er niet op ingaan? Waarom moet ik het dan weghalen?' Zucht. Hoe leg ik nou weer uit dat ze het inderdaad wel goed gedaan heeft, maar dat dit iets is wat gevoelig lijkt te liggen. 'Kom, laten we er samen nog even naar kijken om te bedenken wat verstandig is.'

'Wauw, al twaalf reacties, zoveel heb ik er nog nooit gehad', kijkt ze me stralend aan. Er zijn meiden die zich afvragen waar het over gaat, maar er staan ook venijnige steken onder water tussen en reacties die de actie lijken te onderschrijven. Dit gaat helemaal de verkeerde kant op. 'Hm, zie je dat iedereen zich ermee gaat bemoeien? Dat lijkt me geen goed idee. Zullen we het verwijderen? Dan slaan we het wel op om het aan de mentor te kunnen laten zien als het nodig is.' Morrend gaat ze akkoord. In mijn lijf groeit de onrust, een strakke band knijpt mijn hart fijn, een mierenkolonne marcheert rondjes in mijn hersenpan. Hoe bereid ik haar voor op wat komen gaat? Wat moeten we doen? Moeten we iets doen? Zal ik die moeder bellen? Of zal ik ernaartoe gaan? Kan ik dan rustig blijven? Wat als het niet waar is? Kan ik haar zo morgen naar school laten gaan? Elke haar op mijn hoofd hoopt dat het iets onschuldigs is. Ik weet wel beter, maar wil het nog niet weten. Heel even nog mijn kop in het zand. Mag dat?

's Avonds, als de meisjes in bed liggen en de rust neerdaalt, zie ik onder ogen dat mijn kop niet in het zand kan blijven. Morgenvroeg moet ik de oudste voorbereiden op hoe ze de mentor en de teamleider kan inschakelen. Bij haar broodtrommel en drinkfles stop ik een doosje moed om met opgeheven hoofd de schooldag door te komen.

LELIJK EN DIK

'Boink!' hoor ik de deur beneden met een klap dichtvallen. Daar is ze, hoe zou het vandaag gegaan zijn op school? Terwijl ze de twee trappen naar ons bovenhuis op stampt, hoop ik nog dat het allemaal met een sisser is afgelopen, maar zodra ze haar hoofd om de hoek van de deur steekt, weet ik dat het anders gegaan is. Haar stralend bruine vakantiehuid ziet grauwgeel, de bruine ogen liggen diep en donker, het lange haar sliert om haar hoofd en in plaats van eerst haar tas weg te zetten, loopt ze regelrecht mijn armen in. 'Mama, het was zo erg!' huilt ze meteen. Normaal horen we niks over wat er op school gebeurt, dus het moet haar echt heel hoog zitten. 'Iedereen wist al van de handtekeningenactie en het was zelfs al voor de vakantie begonnen, maar ik wist dat helemaal niet. En ik snap het niet, want waarom moet ík weg uit de klas? Ik ben helemaal niet de enige die druk is, dat zijn er veel meer. Maar ze zeggen dat ik stink en dat ik lelijk ben en dik, maar dat slaat helemaal nergens op. Iedere keer als ik bij de jongens in de buurt kom, trekken ze hun neus op en zeggen ze: "Bah, wat stinkt het hier." Het ergste is, ik dacht: Iris helpt me wel, maar ze zei helemaal niks. En in de pauze ging ze naar de andere meiden en toen was ik helemaal alleen.' Snikkend verbergt ze haar hoofd in mijn schoot, en terwijl ze confuus aan haar tranen voelt zegt ze: 'Kijk nou, helemaal nat, ik huil anders nooit, toch?' De schat, zelfs in deze ellende weet ze me weer te verbazen met haar wonderlijke observaties.

Ik weet niet wat het is, dat enorm doffe gevoel dat me overspoelt. We hebben al zo vaak narigheid gehad, maar dit voelt anders, groter, serieuzer. Overdrijf ik? Laat ik me beïnvloeden door haar verdriet? Liefst jankte ik een potje met haar mee, maar mijn hoofd zoekt op topsnelheid naar de betekenis van al die woorden en wat strategisch gezien het beste is om te doen. Ik wrijf haar over de rug, houd haar stevig vast en probeer te bedenken hoe het gegaan is. Hoe heeft ze gereageerd, heeft dat bepaalde reacties uitgelokt, waarom houdt haar vriendin zich afzijdig, is het echt de héle klas of zijn het een paar raddraaiers, weten de docenten wat er speelt en hoe reageren ze erop, moet ik ouders aanspreken of school en hoe sleep ik in vredesnaam mijn kind hier doorheen?

'Ben je zoals afgesproken naar de mentor gegaan?' Het voelt kil en zakelijk om haar op dit moment aan die afspraak te herinneren, maar ik ben bang dat met haar emoties meegaan ons verder de put in trekt. 'Ja, maar mevrouw Van Druten zei niet zoveel en ze deed er ook niks aan. Ze zou de jongens bij zich roepen en zei dat ze jou vanmiddag wel zou bellen.' Oké, dat is alvast een begin. Dan staan we niet alleen, al voelt dat voor haar anders. Ze wil natuurlijk meteen actie, dat snap ik ook wel. 'Wat voor straf denk je dat de jongens krijgen?' vraagt ze me terwijl ze verwoed haar tranen wegpoetst. 'Ik weet het niet meid, belangrijker dan straf lijkt me dat dit ophoudt en opgelost wordt. Laten we eerst maar het telefoontje van mevrouw Van Druten afwachten.'

'Hoef ik dan morgen niet naar school?' vraagt ze hoopvol.

GRUZELEMENTEN

Hand in hand lopen we naar school, mijn man en ik. Van maandag tot donderdag duurde de week een eeuwigheid. De mentor liet weten dat ze de jongens van de handtekeningenactie aan haar bureau had gehad en ze streng had toegesproken. Dat het een incident lijkt te zijn van een overijverige klassenvertegenwoordiger die zijn taken wat al te ruim opvat. Dat ze vooral heeft geluisterd en niet meteen weet wat te doen en daarover contact zoekt met de teamleider. Ik heb aangedrongen op een afspraak om samen te bedenken wat verstandig is. Mijn meisje vraagt elke dag wat er nu gaat gebeuren en ik moet elke dag zeggen dat we het nog niet weten. Elke ochtend raapt ze haar moed bij elkaar om naar school te gaan. Elke middag komt ze aan gruzelementen thuis. De jongens sissen haar toe dat het heus zal lukken haar van school te krijgen, haar vriendin heeft zich bij een ander groepje aangesloten, de pauzes overbrugt ze op de wc en ze begrijpt er helemaal niets van dat de grote mensen zo lang moeten nadenken voordat ze iets gaan doen. 'Ze worden toch zeker wel geschorst, denk je ook niet?' zegt ze strijdlustig. Maar hoe langer het duurt, hoe meer twijfel er onder mijn huid kruipt. Is de school dapper genoeg om dit aan te pakken? Aan wiens kant staan ze eigenlijk?

Gister hoorden we dat de rector ook bij het gesprek zal zijn. Dat bracht me in verwarring. De rector erbij, is dat goed of slecht nieuws? Onze gezinscoach Franka zegt echter 's ochtends nog de mentor te hebben gesproken. Ze verzekert me dat die voornemens is om alles en iedereen in te schakelen om deze klas weer op de rit te krijgen. Ze hebben al langer te stellen met het haantjesgedrag van een paar dominante types en het is duidelijk dat het zo niet verder kan. Als we dat fijn vinden, wil ze wel meegaan naar het gesprek. Dat stelt me gerust. Wat goed dat de mentor zelfs de rector erbij haalt en hoog inzet. Met zowel de rector als de teamleider als de mentor aan tafel moeten we spijkers met koppen kunnen slaan. Het aanbod van Franka om mee te gaan, sla ik daarom af. Laten we het niet ingewikkelder maken dan nodig, het contact met school is tot nu toe goed, dus daar komen we vast wel uit samen.

Het is maar een paar minuten lopen naar school. Mijn bibberbenen doen me om de haverklap zwikken op onnozele takjes en steentjes. Toch wel erg spannend blijkbaar. Mijn man geeft me een stevige arm en spreekt me moed in. Niks voor mij om zo zenuwachtig te zijn. Ik kan niet eens bedenken waar ik zo bang voor ben, we gaan toch juist samen bedenken hoe we dit weer oplossen? Kom op, spreek ik mezelf bemoedigend toe, het gaat niet om de moeilijkheden, maar om de mogelijkheden. Even resetten nu, voordat je dat gesprek ingaat. Adem in, adem uit – en hop, daar gaan we, het grote schoolgebouw in.

RECTOR

De rector gebaart dat we aan de overkant van de tafel kunnen plaats-nemen. De enorme ovale tafel biedt geen ruimte om ons strategisch zo op te stellen dat we niet tegenover elkaar komen te zitten. Ik kijk rond in de klassiek ingerichte directiekamer. Het is pas vier uur op deze mooie meidag, maar binnen lijkt het bijna avond. Het licht valt spaarzaam door de immens hoge ramen. De uitbundig bloeiende kastanjeboom die dicht tegen de gevel staat, lijkt de boosdoener. De rector, teamleider en mentor gaan naast elkaar zitten. 'Fijn dat we met zijn allen om tafel kunnen en dat u er ook bij bent', zeg ik terwijl de bibber in mijn stem verraadt hoe spannend het voor me is. Als ik de rector vriendelijk toeknik, zie ik de mentor wegkijken. Ze lijkt geëmotioneerd, ik kan me voorstellen dat ook zij een pittige week achter de rug heeft. 'We hebben natuurlijk al wel contact gehad met de mentor en begrijpen dat jullie eerst zorgvuldig wilden onderzoeken wat er precies gebeurd is en wat passende stappen zijn. Onze dochter snapt daar overigens niets van, die wil gewoon dat de jongens straf krijgen, maar we hebben haar uitgelegd dat we elkaar eerst moesten zien om samen te overleggen.'

'Ik ben enorm geschrokken van het hele verhaal', neemt de rector het woord. 'Bij mijn weten is zoiets nog nooit voorgekomen op school.' Ik voel mijn schouders zakken, gelukkig, ze zien de ernst in van de situatie, denk ik opgelucht. 'Ik had hier tien, twaalf enorm boze jongetjes aan mijn bureau die me verhalen vertelden waar de honden geen brood van lusten. De taal die uw dochter uitslaat, ik zal het hier niet herhalen, en de bedreigingen die zij uit, zijn werkelijk ongekend. Ik kan me voorstellen dat de leerlingen zich onveilig voelen, al is het door hen gekozen actiemiddel natuurlijk ongepast.' Perplex hoor ik haar aan. Ik tast in mijn hoofd naar de betekenis van haar woorden, die haaks staan op wat er gebeurd is. Ik krijg het niet meteen aan elkaar gebreid en stamel: 'Heeft u ook mijn dochter gesproken?' 'Nee, het is ook niet mijn taak om met allerlei individuele leerlingen gesprekjes te voeren. In het geval van uw dochter moet ik zeggen dat de mentor daar al ruimschoots meer tijd in heeft gestoken dan waar ze voor betaald wordt, waar we haar erg dankbaar voor zijn, maar we zien ook dat het een zware belasting is voor mevrouw Van Druten. Het begint op deze manier ondoenlijk te worden om uw dochter te handhaven, want ondanks alle middelen die zijn ingezet, is het klassenklimaat bijzonder onveilig.' 'Ja, we zijn handelingsverlegen', voegt de teamleider er plompverloren aan toe terwijl hij pathetisch zijn handen heft. Mevrouw Van Druten staart zwijgend naar beneden.

'Ze kan wel erg boos overkomen, maar daar steekt niet zoveel achter. Het zijn loze woorden. Meestal is boos de buitenkant van bang. Ze heeft veel herhaling nodig om gewenst gedrag in te slijpen, dat is een kwestie van volhouden. Omdat ze van binnenuit niet aanvoelt hoe het hoort, kopieert ze het meest duidelijke gedrag dat ze om zich heen ziet, dat van de luidruchtige jongens dus. We hebben het er al vaak over gehad dat die jongens erg bezig zijn met hiërarchie bepalen en dat zij dat steeds doorkruist. Dat is natuurlijk voor alle partijen frustrerend. De aandacht die ze daarmee krijgt, ook al is dat negatieve aandacht, ervaart zij echter als een teken dat ze erbij hoort', hoor ik mijn man een poging doen om uitleg te geven. Ik zoek zijn blik en tel mijn knopen. Verdedigen heeft helemaal geen zin bij een rector die overduidelijk haar oordeel al geveld heeft. Ik dacht dat we samen, in goed overleg, zoals we het hele jaar al eensgezind om tafel zitten, gingen bedenken wat wijsheid was, en hoe om te gaan met deze vreselijke situatie. Maar zo'n gesprek is het helemaal niet.

Machteloze woede welt in mij op. Er rolt een traan over mijn wang. Ik wil ze door elkaar schudden, schreeuwen dat het lafbekken zijn die voor de gemakkelijkste weg kiezen... Niet doen!, maan ik mezelf. Dat helpt ons niet, dan komen we nergens meer. Met dikke keel slik ik moeizaam mijn boze woorden in en veeg mijn tranen weg. Ik recht mijn rug en ga op het puntje van mijn stoel zitten. Ik kijk de tafel rond, zet mijn werkpet op en analyseer de situatie. Mevrouw Van Druten is overruled, de teamleider is op de hand van de rector en de rector wil zo snel mogelijk van dit lastige probleem af. De woorden die ze gebruiken, veiligheid, handelingsverlegen, dat is dossiertaal, dat klinkt niet goed. Wat willen ze? Wat is hun agenda?

'Ik herken mijn kind niet zoals u haar beschrijft. Ik begrijp dat u haar nog nooit ontmoet heeft, dus de vraag is of u een goed beeld hebt. Ik ben de eerste om te onderkennen dat het geen gemakkelijke dame is. Daar zijn we van meet af aan eerlijk over geweest en daarom zitten we ook elke zes weken samen om tafel en is er een rugzakje. Eerlijk gezegd overvalt de toon van dit gesprek me.' Alle stoerheid waarmee ik deze zinnen begon, verdwijnt, mijn stem breekt en de tranen vloeien weer. 'Ik voel me in de verdediging gedrukt en dat wil ik niet. Zeg eens eerlijk, zonder mooipraterij en verhullende woorden: wat willen jullie nu zeggen? Waar gaat dit gesprek over?' Koud kijkt de rector me aan, ze laat zich niet vermurwen, heeft stevig de touwtjes in handen als ze zegt: 'We hebben zorgen over de ontstane situatie en heel eerlijk gezegd denk ik dat we de veiligheid van uw kind op dit moment niet kunnen garanderen op school...' 'En we zijn handelingsverlegen', onderbreekt de teamleider haar. 'Duidelijk,' zegt mijn man, 'dan houden we haar zolang thuis.' Verschrikt kijk ik opzij, dat lijkt me geen goed idee, dan ligt het probleem niet meer op het bord van school maar bij ons. En bovendien, veiligheid-mijn-neus. 'Hoe bedoelt u dat u haar veiligheid niet kunt garanderen?' vraag ik quasinaïef. 'Nou, niet alleen haar veiligheid, maar ook die van de klas', zegt de rector en kijkt er erg serieus bij. 'Ik vind het vaag wat u zegt. Loopt mijn dochter met messen zwaaiend door de gangen? Heeft ze de jongens geslagen? Gooit ze het meubilair door het lokaal? Volgens mij niet. Zolang dat niet aan de orde is, komt ze gewoon naar school. Maar met uw gepraat over veiligheid en handelingsverlegenheid lijkt u haar liever van school te sturen, klopt dat? Is dat wat u eigenlijk zegt?' kies ik de aanval. Ik heb er schoon genoeg van om de hete brij heen te draaien. Tijd voor wat duidelijkheid. Met veel omhaal van woorden komt het erop neer dat ze ons 'adviseren om te zien naar een passender schoolplaats', maar als ik vraag waar dat dan zou moeten zijn, komt er niks concreets uit. De rector kijkt op haar horloge. Ze heeft nog een vergadering. Of we het zo kunnen afronden. Ik zeg om onze welwillendheid te tonen toe dat we – onder protest – zullen onderzoeken of een andere school passender zou kunnen zijn. De school informeert op haar beurt of plaatsing in een auti-klas van een collega-school een optie is.

De teamleider loopt zwijgend mee om ons uit te laten. De voordeur zit al op slot. Als hij wegloopt om de sleutel te halen, staan we als makke schapen te wachten, terwijl het vanbinnen gist en broeit en borrelt. Buiten blijkt ook het hek al op slot en kunnen we het terrein niet af. Moeten we wéér terug naar binnen. Zou het een teken zijn? Onhandig giechelend bellen we aan. 'Hallo, daar zijn we weer, we willen graag weg.'

BLAUWE PLEKKEN

Het is donderdag. Zingen dus. Ook al heb ik net gehoord dat de school mijn dochter niet meer wil. Als ik thuisblijf, zal ze daar niets van begrijpen. 'Waarom blijf je thuis, je moet toch zingen?' Dus zwerf ik aangeslagen door de stad. 'Ben later, moet mezelf even bijeen rapen. Zojuist gehoord dat dochter van school wordt gestuurd', sms ik de voorzitter en mijn koorbuurvrouw.

Toen we thuiskwamen van het gesprek met de rector, stond ze ons ongeduldig op te wachten: 'En? Hebben ze straf gekregen? Worden ze geschorst?' Onderweg naar huis hebben we geoefend op wat we gaan zeggen. Geen haar op ons hoofd die erover denkt om haar in te lichten over wat er zojuist werkelijk gebeurd is. Hoe het nu verder moet, weet ik even niet, maar ik geloof niet dat we braaf gaan liggen en doen wat ons gezegd is. Zolang er zoveel onduidelijk is, is het zinloos haar daarmee te belasten.

'De school is erg in de war, liefje, ze hebben meer tijd nodig om na te denken.' 'Hoezo?! Het is al bijna een week geleden?! Ga me niet vertellen dat ze géén straf krijgen hè.' 'De jongens hebben tegen de rector gezegd dat ze last hebben van jou in de klas. Daar willen ze ook naar luisteren. Ze vinden de handtekeningenactie fout en misschien komt daar ook nog wel straf voor. Maar het gaat nu niet om straf. Het gaat erom dat jullie samen weer goed met elkaar omgaan in de klas. Dat is het allerbelangrijkste.' 'Ze liegen! Wat hebben ze gezegd dan? Wat doe ik dan? Vertel me alles, ik wil het allemaal weten!' Als we een paar voorbeelden geven, weerlegt ze die overtuigend, al is het moeilijk in te schatten of ze op die specifieke momenten de context goed begrepen heeft. Thuis walst ze immers ook over ons heen zonder in de gaten te hebben dat het ons raakt. Maar ik heb helemaal geen zin om nu met haar in een soort welles-nietes te geraken, ik ben nog murw gebeukt door de harde woorden van de rector.

148| Murw gebeukt, dat is precies hoe ik me voel. 'Ik heb overal blauwe plekken van jou', zingt Herman van Veen. Nooit geweten dat een verbaal pak slaag fysiek zo zeer kan doen…

NACHTMERRIE

De borrels in de kroeg, de verontwaardigde reacties van mijn koorgenoten, de bemoedigende woorden van mijn beste vriend – ze zijn lief en fijn maar verzachten niet. Hun collectieve boosheid over wat er is gebeurd, is goedbedoeld, maar ik kan er niks mee. Ik voel me ondankbaar en verschrikkelijk alleen. Tuimel ten langen leste met een vol hoofd mijn bed in. Manlief is diep in slaap. Allang. Tegen zijn gewoonte in, is hij vroeg naar bed gegaan. Ook een manier om er even niet te zijn en de boel de boel te laten. Ik kan me er iets bij voorstellen. Maar mijn hoofd wil niet uit. Het zoekt onafgebroken naar woorden en zinnen om mijn ontsteltenis uit te spreken. Wat moeten we nou? Dit is toch geen manier van doen? Hoe kan het dat we deze *move* niet zagen aankomen? Wat kun je doen als eenzijdig de samenwerking wordt opgezegd? *It takes two to tango.* Terwijl de hele dansvloer doorwervelt, staan we plotsklaps allenig en verlaten, te verbluft om een voet te verzetten. Afgetikt. (Was er een jury dan?)

'Mama,' zegt ze 's ochtends bij het ontbijt, als ik op de automatische piloot probeer zo gewoon mogelijk te doen, 'ik droomde dat ik naar een andere klas moet. Dat wil ik niet, dat is niet eerlijk want dan hebben die jongens gewonnen. Dat gaan we niet doen, toch?' Soms is het leven niet eerlijk en misschien wordt het niet een andere klas maar een andere school. Maar dat is nu geen goed antwoord. Ik kijk naar het witte snoetje van mijn oudste. Haar bravoure is ver te zoeken. Kon ik haar maar geruststellen, zeggen dat alles goed komt – maar ik durf het niet.

'Lieverd, wat een nare droom! Natuurlijk wil je niet dat die jongens winnen. Ik weet niet wat het beste is nu. De school moet daar ook nog over denken. Dat vind jij stom, dat snap ik ook wel. Maar ik ga supergoed mijn best doen voor jou. Want hé, dat verdien je, dappere kanjer, en we laten ons er niet zomaar onder krijgen. Zijn ze nou helemáál belatafeld!' Een klein lachje trekt over haar gezicht. 'Nog even volhouden meis, en hoe moeilijk het ook is: laat je niet uitlokken. Laat ze maar praten.' Het voelt niet aardig om dat tegen haar te zeggen, maar tactisch gezien zou het heel onhandig zijn als ze zich laat verleiden tot geruzie, dus probeer ik voorzichtig nog wat stichtelijke woorden mee te geven.

'Hoelang duurt het dan nog, mama?' Een logische vraag voor een meisje dat alles graag zo concreet mogelijk heeft. Wat zou een veilig marge zijn waarmee we haar houvast kunnen geven? 'Twee weken denk ik', zeg ik stoer. Het lijkt mij al een eeuwigheid, laat staan voor haar. Haar ogen op steeltjes spreken boekdelen. 'Zo lang?!' 'Reken daar maar wel op, al ga ik natuurlijk niet zitten wachten tot de school iets doet. Ik ga ze flink achter de broek aan zitten! Hopla, naar school nu, want te laat komen kunnen we nu niet hebben. Laat ze maar zien wat voor goede leerling jij bent!'

En daar gaat ze, god, wat is ze dapper. Niet huilen nu, wachten tot de deur dichtslaat...

VERSCHILLEN

Er komt niks uit mijn handen. De mist in mijn hoofd verhindert elke heldere gedachte. Alles in mijn lijf doet zeer. Tegen halftwee groeit de onrust. Straks komt mijn kind thuis en heb ik nóg niks gedaan. Ik moet haar toch helpen! Wat ben ik anders voor moeder? Het gesprek met de rector staat woord voor woord in mijn geheugen gegrift, maar ik begrijp er nog steeds geen jota van. Als het puntje bij het paaltje komt, hebben we volgens mij niks afgesproken. Dat is toch raar? Misschien moet ik zelf maar wat op papier zetten en dat mailen. Is zelfs wel slim, want dan houden we het heft in handen. Maar hoe doe ik dat met die watten in mijn hoofd en die boosheid in mijn lijf?

Ik staar naar het lege scherm. Van mijn man heb ik geleerd dat boos tegen boos niet werkt. Van mijn dochter heb ik geleerd dat duidelijkheid verheldert. Hortend en stotend komen de woorden. Ik wik en weeg ze op een goudschaaltje.

'Gister werden we overvallen door de mededeling dat jullie vinden dat onze dochter niet langer op haar plaats is op jullie school. Een overdonderend bericht en in schril contrast met de regelmatige gesprekken die we afgelopen maanden hebben gevoerd. Naast het onderzoeken in hoeverre de auti-klas op de andere school een geschikte plaats kan zijn, lijkt het ons alleszins redelijk om ook hulpbronnen aan te boren die zoeken naar oplossingen binnen de school.'

Aan wie ga ik dat mailtje eigenlijk sturen, vraag ik me plots af. Aan de rector, natuurlijk, en de mentor en de teamleider. Maar eigenlijk moet de ambulant begeleider er ook bij, toch? En zou de zorgcoördinator eigenlijk weten van dit gesprek? Carla zal zich ook een hoedje schrikken, misschien moet ik haar eerst even bellen voordat ik haar in de cc zet? En dan zet ik er volledigheidshalve ook maar onze thuisbegeleiding bij, is iedereen meteen op de hoogte.

'Op welke manier is de ambulant begeleider ingeschakeld? Hoe wordt er samengewerkt met Carla? Hoe verhoudt het standpunt dat dit een onhoudbare situatie is, zich tot de mededeling aan Carla afgelopen februari dat de frequentie van haar komst teruggeschroefd kon naar 1x per twee weken omdat het zo goed zou gaan? Wat kan onze thuisbegeleiding voor jullie betekenen? Hoe krijg je zicht op wat er werkelijk speelt en hoe de interacties verlopen? Met welke handelingsplannen is er afgelopen maanden gewerkt en wat zijn de resultaten daarvan? Hoe is de zorgcoördinator daarbij betrokken?'

Als mevrouw de rector dacht er met één gesprek vanaf te zijn, heeft ze de verkeerde getroffen. Prompt druppen de tranen op het toetsenbord. Hoe moet dat toch met al die ploeterende ouders die de regels minder goed kennen? Die sociaal minder handig zijn? Je kunt toch helemaal niet van ouders vragen dat ze zich tactisch gedragen terwijl hun kind in de vuurlinie staat?

'De conclusie zoals die nu getrokken wordt, schuift eenzijdig alle problemen toe aan onze dochter en is bovendien grotendeels gebaseerd op het verhaal van een groep boze jongens. Hoe kijken de zwijgende kinderen in de klas tegen de ontstane situatie aan? Is er gesproken met de kinderen waar onze oudste vriendschappelijk mee omgaat op school? Hoe zijn de twitterberichten geanalyseerd op basis waarvan besloten is dat er sprake is van een onveilige situatie? Van wanneer zijn deze berichten? Is het pestprotocol in werking gezet, wanneer en wat is daarvan het resultaat?'

Ha! Hoe gemakkelijk kun je de bewering onderuit schoffelen dat de school handelingsverlegen is en dat de zogenaamde veiligheid van de kinderen in het geding is! Hola, oppassen nu. Met strijd gaan we reddeloos ten onder. Ik ijsbeer door de kamer in een poging de vlammen in mijn binnenste te doven. Iets drinken dan maar, maar het helpt niet. Even wegkruipen in de armen van mijn man, die ook niet weet waar hij het zoeken moet. Zodra de tranen stromen, zakt de adrenaline. Mijn oog valt op een boekje. Eergister gekregen op de afscheidsreceptie van de leukste directeur van Nederland. Hij heeft zelf uitspraken van Lao Tse, door hem Lu Tzu genoemd, vertaald en gebundeld. Eergister, wat lijkt dat eindeloos ver weg. Boem, daar gaat de stolp weer over mijn kop. Kom op, nog even volhouden. Afmaken dat mailtje en versturen. Zorg dat je ze een stap vóór blijft.

'Jullie zien, de boodschap van gister roept ontzettend veel vragen op. De wijze Lu Tzu zei: "In de kern verbinden we. In de verschillen voegen we toe." Een kernachtiger typering voor passend onderwijs is niet te vinden. Daarom verzoeken we jullie vriendelijk doch dringend mee te zoeken naar het antwoord op al die vragen en sámen te zoeken naar wat het beste is voor iedereen.'

Met de hartelijke groeten druk ik op 'verstuur'. Eén twee drie in godsnaam. Laat de boodschap overkomen.

LANGE WEG

In het weekend dat volgt, stolt de tijd. Er staat een koepel over ons huis die ons afschermt van de boze buitenwereld. Als ik boodschappen doe, voelt het alsof ik neerdaal uit een torenkamer. Schichtig loop ik door de supermarkt. Wonderlijke gedachten bevangen me: kent iemand mij? Mijn dochter? Weten ze wat er aan de hand is? Dat wij dat gezin zijn waarvan de dochter een gevaar voor de klas is? Die afgevoerd moet worden? Ik graai het hoogstnodige bij elkaar en maak dat ik snel weer thuis kom. Daar is het veilig. Daar worden we niet aangevallen. Daar zijn we samen.

Als maandagmiddag de mail van de rector binnenkomt, heb ik heel even hoop. Dat is een snelle reactie, toch? Heeft ze ingezien dat er stappen zijn overgeslagen en haar conclusies overhaast genomen zijn? De openingszin van de mail – *'Graag willen wij nogmaals ons standpunt ten aanzien van uw dochter verduidelijken'* – belooft niet veel goeds. Met elke gelezen regel stijgt mijn hartslag. Het is een herhaling van zetten. Ze geeft geen strobreed toe. Ze eindigt met: *'Zoals wij in het gesprek afgelopen donderdag aangaven: wij hadden natuurlijk liever gezien dat het anders zou zijn gelopen, maar wij zijn van mening dat wij alles wat in ons vermogen ligt en wat redelijkerwijs van ons verwacht kan worden, hebben gedaan en dat de mentor de haar hiervoor beschikbare tijd verre heeft overschreden. Datzelfde geldt overigens voor de inzet van de teamleider.'* Waarvan akte. Mijn hart bonkt als een razende. Het bloed dat als een dolle wordt rondgepompt, weet van gekkigheid niet waar het heen moet. Het gaat in elk geval niet naar mijn armen en benen. Verlamd staar ik naar het scherm. Wat nu?

's Ochtends heb ik mijn dochter weer moed ingesproken en geïnstrueerd hoe zich te gedragen, zodat we niet verder in de problemen raken. Mijn hart breekt als ik haar uitzwaai vanuit mijn torenkamer, daar gaat ze weer het strijdgewoel in. Terwijl mijn vingers naar woorden zoeken op het toetsenbord, realiseer ik me: ik kan niet én moeder én tactische onderhandelaar zijn. Het mailtje van de rector bevestigt dat en ik antwoord haar: 'Het *doet ons veel verdriet dat de samenwerking – waarmee we dachten het voor onze dochter mogelijk te maken haar een goede plek op uw school te bezorgen – zo eenzijdig wordt opgezegd. We herkennen het beeld dat nu geschetst wordt, absoluut niet. Onze dochter is afgelopen anderhalve week, zonder dat er één incident gemeld is, gewoon naar school geweest. Dat maakt de ontstane situatie des te bizarder. We komen er zo blijkbaar samen niet uit. We zullen ons licht opsteken over de te volgen procedure en laten ons daarin bijstaan door de thuisbegeleiding. De afspraak die we al hebben staan voor het reguliere overleg, kan dan gebruikt worden om uit te zoeken wat wijsheid is. Houden we daarbij Lu Tzu maar weer in gedachten, die zei: "Alleen de korte weg laat zich zien. De lange weg toont zich door haar te gaan."'*

Twijfelend zweeft mijn vinger boven de verzendknop. Doen, niet doen? Jawel, kom op, doen! En als in een film vol clichés ontsnapt me een diepe zucht terwijl een zonnestraal tussen de wolken door piept.

WENDING

'Waarom zou je dat willen? Ze gaat gemakkelijk over, staat ruim havo!' De teamleider valt nog net niet van zijn stoel als ik voorstel om mijn oudste over te plaatsen naar tl/havo volgend jaar. Ik daarentegen ben allang blij dat we weer *on speaking terms* zijn. We hebben het nu over naar welke andere klás ze zal gaan, in plaats van naar welke andere school. Ik krijg een vette knipoog van Huub, onze ouderbegeleider, die met zijn mediation-achtergrond dit gesprek in goede banen weet te leiden. Hij heeft gepraat als Brugman. Of eigenlijk, heel slim, vooral de teamleider laten praten. Waar loopt de school tegenaan bij het begeleiden van deze 'lastige leerling', wat was de druppel die de emmer deed overlopen, waar zou onze oudste bij gebaat zijn, hoe realiseren we dat met elkaar en wat is daarbij wiens verantwoordelijkheid? Onvermoeibaar buigt hij de obstakels om naar wat er wél kan en hoe we dat gaan doen. Schoorvoetend gaat de teamleider om en besluit ons kind nog een kans te geven. Eén kans, op voorwaarde dat we er akkoord mee gaan naar speciaal onderwijs om te zien als het niet haalbaar blijkt om haar op school te houden. Dat is zo'n boterzachte formulering, daar kunnen we wel mee akkoord gaan. Bovendien, het gaat er helemaal niet om dat ze zo nodig op zo hoog mogelijk niveau in het reguliere onderwijs moet blijven. Als speciaal onderwijs voor haar beter is, ben ik de eerste om een inschrijfformulier te halen. Maar zoals het er nu voor staat, is ze hier op deze school het best af. Op drie minuten van ons huis, bij haar dansvriendinnen, op de lekker klassikaal-rechtdoor-school-zonder-poespas.

'In de tl/havo-klas zitten twee meiden die het structureel voor haar opnemen. Die haar helpen als ze lastiggevallen wordt bij de fietsenstalling, die de pauze met haar doorbrengen, die haar opbeuren als ze weer van alles naar haar hoofd geslingerd krijgt door de jongens uit haar klas. Ik denk dat mijn dochter op dit moment vooral gebaat is bij een welwillende omgeving, een klas waar ze welkom is. Cognitieve uitdaging lijkt me op dit moment ondergeschikt aan goed in je vel zitten. De route via tl is voor haar daarom misschien beter. Dan doet ze er maar wat langer over.' De teamleider hoort het aan en zegt dan: 'Ik twijfel, ik ben bang dat het te makkelijk voor haar is en dat ze qua stof niet aan haar trekken komt.' (Ik bijt mijn tong af, want ik voel een 'maar' aankomen.) 'Aan de andere kant, het zou misschien een optie kunnen zijn. Het vmbo is binnen de school een eigen afdeling met andere docenten en ze zou er met een schone lei kunnen starten.' (Het zijn volgens mij niet de docenten maar de leerlingen die het probleem zijn, maar ik houd nog steeds mijn mond, maakt niet uit via welke route we er komen, als we er maar komen.)

Dan zegt hij: 'In welke klas zitten die meisjes?' (Hoera, een ingang!)

HUILEN MET DE PET OP

We zijn eruit. Wat ben ik blij en opgelucht. Weliswaar met de dreigende toevoeging dat ze maar één kans krijgt, maar we zijn eruit, ze mag blijven. Volgend jaar gaat ze naar 2tl in plaats van door met de havo/vwo-brugklas waar ze nu in zit. Als we ons meisje vertellen dat ze naar de klas mag met de meiden die voor haar opkomen, is ze dolblij. Ze weet helemaal niet dat ze eigenlijk van school moest, en dat houden we ook zo. Dat zijn grotemensenzaken waar zij zich geen zorgen om hoeft te maken. Ze heeft het al zwaar genoeg in een klas die haar niet ziet zitten. 'Mag ik dan meteen naar die andere klas?' vraagt ze hoopvol. 'Na de zomervakantie lieverd, het zou een beetje gek zijn om dat nu te doen, zo op het eind van het schooljaar.' 'En anders krijgen die jongens hun zin, dat moet natuurlijk ook niet', voegt ze er zelf wijs aan toe. En zo is het. Die laatste paar weken houden we het ook nog wel vol. Dacht ik.

De volgende dag komt ze huilend uit school. 'Nou, dus toen zei ik dat Iris hen dom vindt en dat ze niet snapt waarom ik met ze optrek en dat ze volgens haar ordi zijn en toen gingen ze naar haar toe...' 'Wacht even,' onderbreek ik haar, want dit warrige verhaal is moeilijk te volgen (en niet heel handig om roddels door te beppen, maar daar hebben we het nu maar even niet over), 'die meiden uit wat straks jouw nieuwe klas wordt, die gingen naar Iris, jouw vriendin?' 'Ja, nou ja, Iris is een kutwijf, die hoef ik nooit meer te zien, want die zegt dat zij dat allemaal niet gezegd heeft, en dat is helemaal niet waar, want ze heeft dat écht wél gezegd, en toen haalde ze dus de hele klas erbij en toen ging iedereen boos doen tegen mij. Iedereen stond helemaal te schreeuwen en te schelden en dat zag dus een leraar en die stuurde me naar de teamleider en die leraar zei nog dat ik bij hem moest komen als het weer zou gebeuren.' 'Die leraar heeft jou dus goed geholpen, fijn! Goed ook dat hij het gezien heeft, dan weten ze op school ook dat jij het niet allemaal verzint.'

'Ja, dat wel, maar het was nog niet afgelopen. Want toen ik terugkwam in de klas, begonnen de jongens te schelden omdat ik naar de teamleider was geweest, en ik kon er niks aan doen, maar ik begon opeens heel erg te huilen en toen ben ik weer teruggegaan naar de teamleider en die sloeg heel hard op zijn tafel en hij zei dat hij het zat was en toen is hij naar de klas gelopen en moest de hele klas een uur nablijven. Ik moest naar de time-out en ik zag op twitter dat iedereen helemaal boos op mij was, omdat het mijn schuld is dat ze straf hebben en nou ben ik bang dat ze me gaan slaan.' 'Och lieverd toch, wat een ellende.' Ik probeer de brok in mijn keel weg te slikken. Is die teamleider nou helemaal gek geworden? Die hele klas laten nablijven zonder haar. Snapt hij niet hoeveel olie hij daarmee op het vuur gooit? En hoe denkt hij dat het maandagochtend zal gaan? In vredesnaam, hoe moet dat kind maandag naar school?

TIME-OUT

's Avonds om halftien komt er een mail van de teamleider. *'Helaas ging het vandaag wederom volkomen mis en is mijn handelingsverlegenheid alleen maar gegroeid. De leerlingen (ook degenen die niet direct persoonlijk betrokken zijn) geven aan dat zij de situatie onhoudbaar vinden, dat uw dochter voor het grootste deel zelf de problemen veroorzaakt en dat ondanks alle interventies en inspanningen hier een eind aan moet komen.'*

Slik. Hoezo is het aan de leerlingen om te beoordelen dat de situatie onhoudbaar is? De rode waas voor mijn ogen belemmert me verder te lezen. Amper vier dagen geleden hebben we afspraken gemaakt over hoe nu verder, blijkbaar staat dat nu alweer op zijn kop. Mijn broek zakt af. We wisten toch met zijn allen dat het niet eenvoudig zou worden? Het is *zijn* taak om dat groepsdynamisch op school te begeleiden, wij doen dat thuis. Ik ben verdorie het halve weekend bezig geweest om een goedbedoelde actie van een vaag vriendinnetje af te blazen. Haar twitteroproep om achter mijn dochter te gaan staan en dat te demonstreren op het schoolplein, was best lief, maar toen iemand reageerde met 'die pestkoppen verdienen een pak slaag' en de sfeer omsloeg naar 'laten we gaan matten', leek me dat de hele situatie geen goed te doen. Eufemistisch gezegd. En dan waren we ook nog druk om de angst voor revanche te temperen omdat haar hele klas op vrijdag had moeten nablijven, vanwege haar. Ondertussen gaat het allemaal nergens over, maar je kunt er wel druk mee zijn.

'Ik zie geen andere oplossing dan op zeer korte termijn in te grijpen. Daarvoor heb ik twee opties overwogen: overplaatsing naar een andere klas met onmiddellijke ingang of haar een time-out geven en deze laatste weken thuis te laten blijven.' De teamleider serveert de eerste optie af omdat de timing ongelukkig zou zijn en stelt voor dat ze alleen nog naar school komt om in een apart lokaal haar toetsen te maken. *'Ook de laatste schooldagen (excursie en sportdag met de klas) zouden beter kunnen vervallen. Ik verzoek u morgenochtend telefonisch contact met mij op te nemen om bovenstaande te bespreken.'* Mijn hart bonkt in

mijn keel, mijn wangen voelen koortsig van de hoge bloeddruk en ik heb ontzettend veel zin om het computerscherm door de kamer te gooien. Is hij nou helemáál van de pot gerukt? Het is nog vijf weken tot de zomervakantie. Hoe stelt hij zich dat voor: dat ze thuis is, geen les volgt, wél toetsen moet maken, niet mee mag doen met de leuke dingen en dan na de zomervakantie weer fluitend een nieuwe start maakt? Hoe kun je trouwens je toetsen maken als je geen les volgt? Wie houdt haar de hele dag bezig? Wij? En hoe doen we dat dan met ons werk? En moeten we dan ook lesgeven? Ik kan dat helemaal niet. De school is mooi van het probleem verlost en schuift alles door naar ons. Lekker dan.

Ik weet niet wat ik hierop moet gaan antwoorden. Ik ben te boos, te verdrietig, te allenig ook. Mijn man is aan het werk, ik kan hem niet bereiken. Zou ik de ouderbegeleider nog kunnen appen? Ik waag het erop en voeg ook Franka en Carla toe. Binnen vijf minuten heb ik van alle drie een reactie. Hartverwarmend. Opeens voel ik me een stuk minder alleen. Samen moet het lukken.

IN BAD

In alle vroegte heeft Franka met school gebeld om te laten weten dat we instemmen met het voorstel. Ze zullen zorgen voor huiswerkpakketten zodat dochterlief het jaar gewoon kan afsluiten. De toetsen maakt ze dan in een apart lokaal. Mensenlief wat een armoe, ik ben er niet blij mee. Sterker, ik vrees met grote vreze, want zo begint de carrière van menig thuiszitter. Huub, onze ouderbegeleider die ook als mediator mee naar school was vorige week, heeft me bezworen dat het zo niet zal lopen. 'We verliezen een slag, maar niet de oorlog. Laten we school hierin hun zin geven, voor dat meiske is het toch ook geen doen meer. We maken een mooi programma voor haar en zorgen dat ze een goede zomer krijgt. Daar heeft ze het meest aan. Volgend jaar gaan we er volop tegenaan.' In de touwen hangend wil ik hem graag geloven. Ik ga akkoord op voorwaarde dat we de komende drie maanden (DRIE MAANDEN is ze dan thuis, wat een berg!) extra hulp krijgen. En dat gaat Huub regelen. Voorlopig heb ik haar vanochtend lekker laten liggen. Ze sliep als een blok. Alle inspanning van de afgelopen weken is haar niet in de koude kleren gaan zitten. Of zou dat projectie zijn?

'Waarom heb je me niet wakker gemaakt? Ik ben te laat! Je weet hoe vervelend ik dat vind!' Het is al tien uur als ze beneden komt. Nog steeds evenveel plichtsbesef, ze moest eens weten. Ik kan moeilijk zeggen 'ze moeten je niet meer op school', dus begin ik dapper aan wat ik in de afgelopen woelige nacht keer op keer heb geoefend: 'Luister lieverd, gisteravond heb ik overlegd met Franka, Carla en Huub...' 'Hoezo ook met Huub?' onderbreekt ze me. 'Het is op dit moment niet meer fijn voor jou op school...' 'Dat kan je wel stellen ja. Maar hoezo nou met Huub, wat heeft die ermee te maken?' 'Huub heeft ons vorige week heel goed geholpen. Hij is mee geweest naar het gesprek op school en (ik zet het maar even wat steviger aan, bedenk ik) hoe zal ik dat zeggen...' 'Zeg het maar gewoon', zegt ze en ik schiet bijna in de lach. 'Hij heeft ervoor gezorgd dat jij naar de tl-klas mag...' 'Heeft

Huub dat geregeld? Waarom wist ik dat niet? Waarom heeft hij dat gedaan? Hij kent mij toch helemaal niet? Hoe ziet hij er eigenlijk uit?' Daar gaat mijn zorgvuldig voorbereide verhaal. 'Over Huub vertel ik je straks. Eerst even over nu. Gisteravond kreeg ik een mail van de teamleider dat er weer zoveel gedoe was geweest op school. Nee stil, nu mag ik eerst even. Nou ja, dat was niks nieuws, want dat had je me zelf ook al verteld toen je uit school kwam. In overleg hebben we besloten dat je de laatste weken voor de zomer...' 'Thuis mag blijven?!' juicht ze met haar armen alvast omhoog. 'Een soort time-out van school krijgt. Hohoho, niet te vroeg juichen, want je hebt nog geen vakantie. Je gaat elke dag een paar uur naar Carla om aan school te werken,' (de grote *smile* op haar gezicht wordt een stuk kleiner) 'want je moet gewoon je toetsen maken. Dat hoeft niet in de klas, dat mag in het studielokaal. En Franka komt zo meteen om samen te bedenken wat we verder nog gaan doen. Want als iedereen naar school is en wij moeten werken, dat is veel te saai voor jou, dus daar gaan we wat op verzinnen.' 'Ik hoef niks, hoor. Ik hoef ook niet naar Carla, ik leer het zelf wel.' 'Ga eerst maar eens lekker douchen, dan zien we daarna verder.' 'Mag ik ook in bad?' vraagt ze met haar allerliefste stemmetje. En dat mag op deze doordeweekse dinsdagochtend.

VAKANTIEBUURVROUW

'Sorry,' snik ik, 'maak je geen zorgen, het is allemaal niet erg. We zijn gezond, we gaan niet scheiden, dat is allemaal oké.' Ik probeer haar door mijn tranen heen een glimlach toe te werpen, maar een nieuwe huilbui is me te snel af. Astrid schuift resoluut haar stoel naar achter, loopt om de grote houten tafel heen, gaat dicht naast me zitten en slaat haar arm om me heen. Ik geef me over aan haar warme omhelzing, leun tegen haar zachte lijf, de verse koffiegeur van zo-even wordt verdrongen door haar frisbloemige parfum. Ik ken haar nauwelijks, gek om nu aan haar keukentafel te zitten grienen. Ze is een soort vakantiebuurvrouw. We zien elkaar alleen tijdens de vakanties in Frankrijk, waar we allebei een huisje op dezelfde camping hebben. Haar zoon en mijn dochter zijn twee handen op één buik, al jarenlang. Toen ze zes waren, troffen ze elkaar bij de visvijver en zijn sindsdien onafscheidelijk. Nou ja, in de mei- en zomervakantie dan. Tussendoor zien ze elkaar niet. Ze zijn even oud, even groot en liefst dag en nacht samen. 'Niet verliefd, vrienden!' zeggen ze zelf en we geloven ze. Hij blond, zij donker, zie je de een lopen dan is de ander niet ver uit de buurt. Jens verdraagt alles van zijn hartsvriendin, toch is hij zeker geen doetje. Hij corrigeert haar als ze doordramt (en zij pikt dat), is bereid twee keer achter elkaar dezelfde aflevering van Hannah Montana te kijken (maar weigert bij de derde keer) en laat zich niet als loopjongen gebruiken (hoe vaak ze het ook probeert als ze voor de zoveelste keer haar handdoek vergeten is bij het zwembad). Ik zou nog uren zo kunnen blijven liggen leunen, ik voel nu pas hoe moe, verdrietig en ellendig ik ben. Maar ja, dat is niet zo gepast. Kom aan, er is nu een plan, dus het gaat goedkomen.

'Sorry, dat was niet de bedoeling', verman ik me. 'Geeft niks, maar je maakt me wel nieuwsgierig. Ik dacht al dat je niet gewoon gezellig op de koffie kwam toen je belde om langs te komen. Wat is er gebeurd?' In vogelvlucht vertel ik over de handtekeningenactie, het bizarre gesprek met de rector, de weigerachtige teamleider en hoe we toch een oplossing vonden, dat ze vervolgens thuis kwam te zitten en hoe we een programma hebben gemaakt met les aan huis, kickboksen, drumles, een privéschoolreisje en een eigen minisportdag. 'Nu nog zeven weken schoolvakantie zien in te vullen met zoveel mogelijk afleiding zodat ze zich geen zorgen gaat maken. In de tussentijd proberen we haar zoveel mogelijk succeservaringen op te laten doen om haar zelfvertrouwen wat op te vijzelen. En zo kom ik nu bij jou aan tafel. Mijn man heeft bedacht om wat eerder naar Frankrijk te gaan. Daar heeft ze het altijd zo fijn. Ze heeft het er vooral zo fijn samen met Jens, natuurlijk. Denk je dat hij het leuk zou vinden, als jullie het goed vinden natuurlijk, om mee te gaan?' Ik ben een beetje buiten adem van het vele vertellen en merk dat mijn stem trilt bij die laatste vraag. Blijkbaar vind ik het erg spannend om ze om deze gunst te vragen. Tijdens mijn verhaal zag ik hoe verbijstering en afschuw over Astrids gezicht trokken. Ze moet het niet uit medelijden doen, dat zou ik vreselijk vinden. We hebben dit plan bedacht omdat we denken er twee kinderen blij mee te maken; dat het ook nog heilzaam is, komt op de tweede plaats.

'Ik weet gewoon niet wat ik moet zeggen. Ik vind het zo vreselijk allemaal. Natúúrlijk willen we iets doen om haar te helpen! Ik denk dat Jens het ook goed zou vinden, maar we moeten het hem wel vragen. Mag ik vertellen wat er gebeurd is? Ik weet alleen niet of het gaat passen. Hij heeft eerst nog toetsweek en gaat op zeilkamp. Is het een idee als ze niet naar Frankrijk gaan, maar dat ze hier een of twee weken komt logeren? Ik durf dat wel aan.' Astrid schiet meteen in de regelstand. En ik, ik zit me ontzettend gezegend te voelen. Nooit gedacht dat hulp vragen zo goed kon voelen.

RAPPORT

In de laatste week van de zomervakantie zit haar rapport tussen de post. Ze is over, constateren we, lachend als een boer met kiespijn. Beetje mosterd na de maaltijd, hè. Zo stoer en dapper als dat kind van ons in haar eentje in een lokaal haar toetsen heeft gemaakt en niemand, echt niemand van school die daar iets aardigs of bemoedigends over gezegd heeft. Op de dag van de rapportuitreiking: niks gehoord. De dagen erna: geen post, geen mail, geen telefoontje. 'Maar ik krijg toch wel een rapport?' vroeg ze beteuterd. 'Tuurlijk schat, misschien zijn ze erg druk op de administratie met het afsluiten van het jaar, ze sturen het vast volgende week', zeg ik dan nog hoopvol. Als ze terugkomt van de logeerpartij bij Jens, is het eerste wat ze vraagt: 'Is mijn rapport er al?' Het antwoord laat zich raden... 'Kom, we gaan gewoon lekker vakantie vieren. Op het cijferportaal online hebben we gezien dat alles in orde is. Je bent hartstikke over en hebt het supergoed gedaan.' 'Maar ik zou toch wel een rapport moeten krijgen? Zijn ze me vergeten?' vraagt ze ontgoocheld.

Kedeng. Weg is het broze evenwicht dat ik dacht hervonden te hebben. De boosheid golft door mijn lijf en vormt een zwarte bal ter hoogte van mijn maag. Ik word er misselijk van. Hoe durven ze zó met mijn kind om te gaan, het is pure kindermishandeling, vlammen woedende woorden in mijn hoofd. Het lijkt alsof alle boosheid en verdriet van de afgelopen weken me opnieuw overspoelt. Het zit nog lang niet in een doosje met de deksel netjes dicht. De school is gesloten, daar kan ik dus niet op hoge poten naartoe. Het heeft ook geen zin om mijn oudste te laten merken hoezeer het me raakt. Straks moet ze weer gewoon dat gebouw in. Ik stuur mijn adem naar mijn buik. Hij komt niet door de zwarte laag heen. Ga er dan maar omheen. Langzaam vloeit de onmacht weg. Wij kunnen dit. We laten ons niet kisten.
'We gaan op berenjacht.
We kunnen er niet over.
We kunnen er niet onder.
We moeten erdoor!'

SPOKEN

Maandagavond
'Mama, dat was echt heel eng wat ik net heb meegemaakt!' Trillend op haar benen staat ze voor me. Het is nog niet donker als ze terugfietst van dansen, dat vond ze vorig jaar steeds zo eng, wat zou er zijn gebeurd? 'Er was op dat ene kruispunt, je weet wel, met die vluchtheuvel, een heel akelig ongeluk gebeurd. Eén bestuurder was bewusteloos en die andere had helemaal bloed op zijn hoofd.' Huilend stort ze zich in mijn armen. 'Dat klinkt niet goed, bah wat naar. Kon jij dat allemaal zien? Heb je het zien gebeuren?' 'Nee, dat niet, maar ze stonden daar zo tegen elkaar gebotst en ik kon naar binnen kijken. Het was zó eng!' Het klinkt een beetje raar, maar ze is zo overstuur dat ik niet verder vraag.

Dinsdagmiddag
'Zo, wat een heftige dag', valt ze opgewonden met de deur in huis. 'Eerst bij gym viel Selena flauw en ik was helemaal alleen met haar op het grasveld en ze viel zo in mijn armen en toen stond ik daar en er was niemand en ik wist helemaal niet wat ik moest doen. Ik zag al die lokalen die op het grasveld uitkeken en ik dacht dat iedereen naar ons keek, maar niemand kwam helpen. En de klas die was zo achter een soort heuvel dus die kon ons niet zien. Want Selena was heel benauwd en daarom ging ze een rondje lopen en toen was ik mee, maar toen viel ze dus flauw en toen waren we helemaal alleen.' Ik probeer het warrige verhaal te volgen, maar ze dendert meteen door naar de volgende gebeurtenis. 'Nou, dat was dus al heel heftig en toen ging ik net naar huis en toen werd ik aangereden door een scooter!' 'Jeetje, kind toch, wat een toestanden. Zo te zien ben je nog helemaal heel, gelukkig. Is je fiets stuk?' 'Nee, dat niet.' 'Gelukkig, dan valt dat mee.' 'Het valt helemaal niet mee!' dondert ze boos. 'Hij botste echt heel hard zo tegen de achterkant van mijn fiets en ik viel helemaal om en dat deed heel zeer. Het was echt heel hard, hoor! En hij reed gewoon door!'

Haar kleren zijn heel, ik zie geen bloed, haar fiets is zo te horen ook niet beschadigd, ik denk dat het allemaal wel meevalt, maar dat mag ik dus niet zeggen. 'En je gelooft zeker ook niet dat Selena is flauwgevallen? Het is belachelijk dat je mij niet vertrouwt, ik ben je dochter!' Hm, dat draagt niet bij aan de geloofwaardigheid, maar dit is niet het moment om haar aan de tand te voelen. 'We hebben het er vanavond over, goed? Nu is het eerst tijd om naar Carla te gaan. Heb je de goede boeken mee?' Op dinsdagmiddag helpt Carla nog altijd met het plannen van haar schoolwerk en werken ze samen aan begrijpend lezen. Mopperend maakt ze zich uit de voeten. Ze wil niet naar Carla, want ze is bang dat er dan onderweg wéér iets engs gebeurt, maar ik laat me niet ompraten. 'Is je telefoon opgeladen? Als er iets is, kun je me altijd bellen.'

Met een harde klap slaat de voordeur dicht. De stilte suist in mijn oren na deze wervelwind aan emoties en verhalen. Sinds drie weken zit ze in haar nieuwe klas. Ze lijkt op school een goede start te maken, al zie ik ook hoe ze op haar tenen loopt om alles goed te doen. Vorige week is ze voor het eerst ongesteld geworden. Zul je altijd zien, is het meteen de eerste keer heel heftig. Pakken vol maandverband gaan er doorheen en het wil maar niet stoppen. Dat is ook wel indrukwekkend. Misschien is het gewoon allemaal een beetje veel tegelijk. Zou ze daarom die heftige verhalen verzinnen? Heeft ze die nodig om haar eigen gevoel een plek te geven? Of is het een manier om aandacht te krijgen? Die kan ze natuurlijk ook gewoon krijgen. Ik raak ervan in de war. We hebben eerder meegemaakt dat waan en werkelijkheid door elkaar gingen lopen. Gaan we nu diezelfde weg weer? Of zie ik spoken?

UIT

'Ik ga met El en Isa naar de Cosmo, leuk hè!' zegt ze stralend als ze thuiskomt uit school. El en Isa staan voor Elsa en Isabelle, twee geweldige meiden die nu bij haar in de klas zitten. Voor de zomervakantie hebben ze haar ontzettend lief geholpen toen ze in de fietsenkelder op school belaagd werd door die pestkoppen. Ze namen het voor haar op, beschermden haar in de pauzes en haalden haar over om naar hun klas te komen. En nu zijn ze dikke vriendinnen. Voor het eerst in haar leven heeft ze echte vriendinnen. Ze hebben lol, corrigeren elkaar, maken héél véél selfies (die vervolgens uitgebreid becommentarieerd worden), eten bij elkaar, maken skypend samen huiswerk en zijn in die paar weken dat het schooljaar oud is, een hecht driemanschap geworden. In het begin hield ik mijn hart vast of de meiden zich niet te veel geclaimd zouden voelen, maar de liefde blijkt wederzijds en de meiden zijn mans genoeg om voor zichzelf op te komen. Mooi om te zien hoe mijn meisje zichzelf mag zijn bij hen. Aan tafel kunnen we grapjes maken als dochterlief de week vooruit aan het plannen is en precies wil weten waar, wanneer en hoelang ze elkaar zullen zien. Ze weten dat ze autisme heeft, al kunnen ze zich er niet goed iets bij voorstellen. Eigenlijk kan het ze ook niet zoveel schelen, hun vriendin is wie ze is en dat is oké. Het is mijn oudste zelf die af en toe zegt: 'Tja, dat heb je met een autist hè', en er dan hard om kan lachen. Wat een verademing om er zo open over te mogen praten. We schuiven geloof ik geruisloos een nieuwe fase in.

'Je bedoelt: mág ik met Elsa en Isabelle naar de Cosmo?' corrigeer ik haar. 'Ja, nou ja, dat bedoel ik toch. We gaan morgen kaartjes kopen. Mag dat van jouw geld?' 'Ho, wacht even. Dit zijn toch echt dingen om eerst te overleggen. Eerst vragen, en dat betekent ook dat ik nee kan zeggen.' 'Ah toe, doe niet zo flauw. Iedereen gaat naar de Cosmo, ga nou niet moeilijk doen. Je weet toch hoeveel ik van dansen houd?' speelt ze haar troeven uit. Stiekem geniet ik van deze gewone puberdiscussie en ik gun haar van harte dat ze met haar vriendinnen gaat dansen. Al heb ik ook mijn vraagtekens bij dat hele Cosmo-gebeuren. Het heet een Frisfeest te zijn, maar het gaat er geenszins onschuldig aan toe. Snapt mijn meisje al die ongeschreven regels die daar gelden? Weet ze voor zichzelf op te komen als er iets gebeurt wat ze niet wil? Of nog enger, kent ze haar eigen grenzen goed genoeg om te voelen wanneer die overschreden worden? 'Ik moet er even over denken, morgen laat ik je weten of het goed is', koop ik tijd. 's Avonds zegt mijn man: 'Natuurlijk moet ze daar naartoe gaan. Dat is toch geweldig! Lekker dansen, dat is wat ze het liefst doet. Zolang ze samen met haar vriendinnen gaat, lijkt het me prima.' Aarzelend ga ik overstag. Ik zie een hoop mitsen en maren, maar begrijp ook dat we haar deze kans moeten geven. Het duurt nog twee weken, tijd genoeg om samen te praten over schuren, zoenen, 'nee is oké' en dat ze altijd mag bellen om opgehaald te worden.

Ondanks de dikke laag foundation ziet ze krijtwit als het zover is om de dames weg te brengen. Er is weinig over van alle branie die ze had bij het gierend gillend klaarmaakritueel dat zich urenlang boven in de badkamer afspeelde. 'Gaat het?' vraag ik zachtjes als we naar de auto lopen. 'Ja tuurlijk', zegt ze stuurs, terwijl ze begint te klappertanden. 'Vind je het spannend?' probeer ik nog. Met een 'Hou je mond, ik heb het gewoon koud' houdt ze me op afstand. Ik houd mijn hart vast. Ik hoop zo dat het gaat lukken. Dit is wat ze wil, houd ik mezelf voor. Als de wil groter is dan de angst, kan ze bergen verzetten, heb ik geleerd. Dus laat ik haar gaan. Op hoop van zegen.

UITLEGMOEDER

'Özcan mag mij vanaf de eerste les niet. Ik kan gewoon niks goed doen. Als we met zijn allen zitten te kletsen, zegt ie tegen MIJ dat ik stil moet zijn en hij kijkt ook de hele tijd zo vuil naar me.' Helder, het zal allemaal zo'n vaart niet lopen, maar voor de tienminutengesprek op school vul ik meneer Özcan in om langs te gaan. 'Ga jij hem dan zeggen dat ie normaal moet doen tegen me?' vraagt ze hoopvol. 'Eerst maar eens een hand geven en kennismaken en van hem horen hoe hij vindt dat het gaat. Misschien liggen jullie elkaar niet zo goed, dat kan, maar je moet dan toch leren met elkaar om te gaan.' Ik zeg er nog maar niet bij dat ik ervan uitga dat de docent zijn best daar al voor doet en dat zij het is die waarschijnlijk in beweging moet komen.

'Uw dochter haalt goede cijfers, wat kan ik voor u doen?' vraagt Özcan op zijn hoede als ik tegenover hem plaatsneem. Mag je niet langskomen als je kind geen onvoldoendes haalt dan? Onzeker zoek ik een opening voor het gesprek waarbij hij zich niet aangevallen voelt. De eerste minuten praten we langs elkaar heen, lukt het niet goed om contact te maken. 'Geschiedenis is best een moeilijk vak voor haar omdat ze zo lastig tussen de regels door leest, merkt u daar iets van?' vraag ik naar de bekende weg. 'Voor de meeste tl-leerlingen geldt dat ze weinig tekstbegrip hebben, maar in de lessen besteed ik daar veel aandacht aan', schiet hij in de verdediging. Ik begin te vermoeden dat hij de overdracht dit jaar gemist heeft en niet weet dat mijn meisje haar eigen geschiedenis heeft. Genadeloos tikt de tijd door, we hebben nog maar vijfenhalve minuut, als ik nog ergens wil komen, moet ik nú het heft in handen nemen. 'Ik weet niet hoe u het ervaart, maar volgens mijn dochter botert het niet zo goed tussen jullie, hoe ziet u dat?' 'Ze behoeft veel correctie, dat klopt. Ze roept door de les, luistert niet, weet nooit wat de opdracht is waar ze aan moeten werken en ze is ook behoorlijk brutaal, moet ik zeggen.' Onwillekeurig schuift een glimlach over mijn gezicht, heel ongepast natuurlijk, dus ik zeg snel: 'Ik weet dat ze geen lieverdje is, ze kan erg druk zijn en veel aandacht

vragen. Gelukkig laat ze zich meestal wel goed bijsturen als je haar gebruiksaanwijzing een beetje kent.' 'Ik begrijp best dat het heel gezellig
is om met je vriendinnen te kletsen en stoer te doen, maar ze komen
nu toch ook op een leeftijd dat ze moeten weten wanneer het een tijd
van werken is.' Hij snapt het nog niet, ik moet expliciter zijn, zonder
hem het gevoel te geven dat ik haar gedrag goedkeur. 'Het helpt als u
heel duidelijk bent tegen haar. Zonder omhaal van woorden zeggen
wat u van haar verlangt, opdrachten geven in plaats van vragen, dat
geeft haar houvast. Hoe botter hoe beter eigenlijk.' De docent kijkt me
aan alsof ik gek geworden ben. 'Ik weet niet of u daarvan op de hoogte
bent, maar mijn dochter heeft autisme. Dat zie je niet aan de buitenkant, maar wel in haar gedrag. Ze is niet onopgevoed of brutaal, al
komt dat vaak wel zo over. Ze heeft geen antenne voor wat gepast is en
wat niet, stapje voor stapje leert ze dat van buitenom aan. Wij helpen
haar het best door daar zo duidelijk mogelijk over te zijn.'

Özcans mond zakt open. 'Nou begrijp ik het!' roept hij uit. 'De eerste les dit schooljaar steekt ze haar hand op en zegt: "Meneer, ik heb
gehoord dat u niet zo goed lesgeeft, is dat waar?" Ik heb haar meteen
de klas uit gestuurd, maar ze bedoelde dat dus niet om mij te stan-
gen?' Nu is het mijn beurt om met open mond te luisteren, ze heeft wát
gezegd? Is het gek dat die twee elkaar vanaf dag één niet mogen? Ik
leg uit dat haar vraag hoogstwaarschijnlijk niet de lading had die wij
eraan geven en dat het een oprecht geïnteresseerde vraag is geweest,
hoe onwaarschijnlijk dat ook klinkt. Nieuwsgierig checkt de docent
nog een aantal situaties en ik zie hoe het ene na het andere kwartje
valt. Als we een halfuur later afscheid nemen (ik bleek de laatste in
de rij), zegt hij: 'Ik kijk nu heel anders naar haar, dank u wel!' en ik
geloof hem.

'En? Wat hebben ze allemaal gezegd? Ik wil alles horen!' Ik klop de
melk voor mijn koffie wat langer dan nodig en zoek naar woorden.
'Toe nou, wat zeiden ze', dramt ze ongeduldig alle tact mijn hoofd uit.
'Is het echt waar dat jij tegen Özcan hebt gezegd dat je wil weten of
hij wel goed lesgeeft?' Ze slaat haar handen voor haar mond en zakt
tegen het aanrecht aan. 'Ja, dat heb ik gedaan, ik had van de ande-

ren gehoord dat hij geen orde kan houden en heel slecht lesgeeft en daar maakte ik me zorgen over, want ik hou heel erg van geschiedenis. Maar dat kan eigenlijk niet, hè? Dat kan zeker niet? O, heb ik dat echt gedaan?' 'Nee, dat kan echt niet, en al helemaal niet in de eerste les!' zeg ik en schiet onbedaarlijk in de lach als ze me ontzet aankijkt. Dat hoort ook niet, maar het is zo'n hilarische situatie. Samen lachen en gruwen we, en dan vraagt ze naïef: 'Hoe weet jij dat?' 'Ik heb het zojuist van Özcan gehoord en daarom was hij dus zo boos op je.' 'Weet hij dat ik autisme heb?' 'Nu wel. En hij was heel geïnteresseerd. Ik denk dat het de volgende les meteen al anders gaat. Hij weet nu dat je het niet lelijk bedoelt. Dat wil nog niet zeggen dat het oké is, maar hij wil wel zijn best doen om jou beter te begrijpen. Ik denk dat het goed is als jij ook je best doet om te begrijpen wat hij van je wil in de les. En als het onduidelijk is, vraag het hem dan.' 'Oké mama', zegt ze braaf. Tot mijn verbazing voegt ze eraan toe: 'Dank je wel, mama, fijn dat jij het zo goed kan uitleggen aan iedereen.'

BEGRIPPEN EN AFKORTINGEN

In Vlaanderen gaat het er op school en in de hulpverlening soms nét even anders aan toe dan in Nederland. In deze lijst daarom een poging om veelvoorkomende begrippen en afkortingen kort toe te lichten. Ook handig trouwens voor landgenoten die nog niet thuis zijn in het door hulpverleners en onderwijsmensen gebezigde jargon.

ambulant begeleider	extern begeleider, vaak afkomstig uit het speciaal onderwijs, die (leerkrachten van) leerlingen begeleidt en observeert, door middel van coaching en advies op basis van een handelingsplan (aanvulling editie 2024: tegenwoordig meestal een consulent van het samenwerkingsverband)
brugklas	eerste klas van het voortgezet onderwijs; na de (soms tweejarige) brugklas wordt definitief gekozen voor een bepaald schoolniveau, zoals *vmbo, havo* of *vwo*
brugklascoördinator	maakt per brugklasleerling, voorafgaand aan het schooljaar, een dossier aan met de belangrijkste aandachtspunten qua ondersteuningsbehoefte, coördineert de brugklas-*mentoren*
brusjes	broertjes en zusjes van kinderen/jongeren/ volwassenen die een ziekte of handicap hebben
dbc	diagnosebehandelingcombinatie, code in de gezondheidzorg die een geleverd zorgpro-

duct omschrijft en waarmee men de behandeling kan declareren bij de zorgverzekeraars.

duobaan baan die door twee werknemers/leerkrachten
wordt ingevuld

GDO gezinsdiagnostisch onderzoek, waarbij een
systeemtherapeut met alle leden van een
gezin in gesprek gaat om te kijken hoe de
thuissituatie is

ggz / ggz-instelling (instelling op het gebied van) geestelijke ge-
zondheidszorg

groep is op een Nederlandse basisschool wat in
Vlaanderen een klas is, maar de telling begint
al op de kleuterschool, dus groep 3 is klas 1,
groep 4 is klas 2 etc.

havo hoger algemeen voortgezet onderwijs, voorbereidend op het hoger beroepsonderwijs of het
vwo

intern begeleider is in het basisonderwijs verantwoordelijk
voor de leerlingenzorg, kan bijvoorbeeld
handelingsplannen opstellen, remedial tea-
ching geven, leerkrachten met hulpvragen
over kinderen adviseren; de precieze invul-
ling is per school verschillend

lyceum middelbare school die minimaal de onder-
wijstypen gymnasium en atheneum omvat
(voorbereidend wetenschappelijk onderwijs,
respectievelijk met en zonder de vakken
Grieks en Latijn)

mentor	klassenleerkracht; is het eerste aanspreekpunt voor de leerlingen en hun ouders
PGB/PGB'er	persoonsgebonden budget; hiermee kunnen mensen met een beperking extra zorg inkopen in de vorm van begeleiding, hulpmiddelen of voorzieningen; een PGB'er is een hulpverlener die via een persoonsgebonden budget ingehuurd wordt
rector	bestuurder/directeur van een scholengemeenschap met een afdeling *vwo*
rt'er	remedial teacher/leerlingbegeleider; meestal een leerkracht die enkele uren per week is vrijgesteld voor begeleiding van specifieke leerlingen met bijvoorbeeld sociaal-emotionele problemen, leerproblemen of stoornissen
rugzakje	populaire benaming voor leerlinggebonden extra financiering, die de school kan gebruiken om leerlingen met een indicatie voor een beperking binnen het reguliere onderwijs extra begeleiding te bieden, vergelijkbaar met GON-begeleiding in Vlaanderen; sinds de wet Passend Onderwijs (2014) wordt een rugzakje niet meer individueel toegekend, maar wordt het geld verdeeld via het samenwerkingsverband waarin scholen samenwerken
teamleider	is verantwoordelijk en maakt beleid voor het team van medewerkers van een bepaalde afdeling, dit kan een leerjaar, een niveau of een combinatie van beide zijn

tienminutengesprekken	tweerichtingsgesprekken van ouders met leerkrachten over de ontwikkeling van een leerling, waarbij een breed scala aan onderwerpen aan bod kan komen; vaak worden ouderavonden georganiseerd met meerdere tienminutengesprekken op een avond
tl	theoretische leerweg, een van de vier leerwegen binnen het *vmbo*, waarbij voornamelijk ruimte is voor de meer theoretische, algemeen vormende vakken
vmbo	voorbereidend middelbaar beroepsonderwijs, onderwijstype dat voorbereidt op het middelbaar beroepsonderwijs of de *havo*
vrije school	schooltype dat is gebaseerd op de antroposofische opvattingen van Rudolf Steiner, in Vlaanderen bekend als steinerschool
vso	voortgezet speciaal onderwijs, middelbaar onderwijs voor jongeren met een beperking of stoornis, onderverdeeld in blinden/slechtzienden, doven/slechthorenden, jongeren met een verstandelijke en/of lichamelijke beperking en jongeren met psychiatrische en/of gedragsproblemen
vwo	voorbereidend wetenschappelijk onderwijs, bereidt voor op wetenschappelijk/universitair onderwijs
zorgcoördinator	is verantwoordelijk voor de grote lijnen in de leerlingbegeleiding en heeft ook contact met externe diensten

BOEKEN EN SITES

Naast de boeken die ik ook al noem in *IJskastmoeder* (zie ook de boekenlijst op www.ijskastmoeder.nl) hebben de volgende boeken en sites me een spiegel voorgehouden, op een spoor gezet of iets nieuws geleerd. In willekeurige volgorde.

Boeken

- Beïnvloed anderen, begin bij jezelf
  Bert van Dijk
  Als je iets van een ander gedaan wilt krijgen, of dat nou je kind is of een hulpverlener, is het nuttig om iets te snappen van interactiepatronen. 'Het grote beïnvloedingsspel', gebaseerd op de Roos van Leary en bovenstaand boek, heb ik veelvuldig gespeeld met de stagiairs die ik begeleidde. Ondertussen heb ik er zelf ook veel van opgestoken.

- Daar gaan we weer
  Matti van Wifferen
  Matti leerde me, via een variant op de kernkwadranten-methode, mijn natuurlijke opvoedstijl herkennen. Het gaf me handgrepen om het 'daar-gaan-we-weer-patroon' te veranderen in een positief 'zo-gaan-we-voortaan-scenario'. Dat mijn kind gedijt bij een taakgerichte benadering terwijl ik primair relatiegericht ben, verklaart bovendien waarom er zoveel energie weglekt.

- Puberteit
  Jeanne Meijs
  Voor haar liefdevolle oog voor het smalle pad dat je als ouders gaat om je kind te begeleiden. Haar wijsheid heeft zijn wortels in de antroposofie, daar moet je dus een beetje langs lezen als je er niet zoveel mee kan.

- De Tao van het ouderschap

Greta Nagel

Je gedachten scherpen aan ideeën die al meer dan tweeduizend jaar oud zijn, kan heel verhelderend zijn. Er is niks nieuws onder de zon, maar soms kom je dan toch tot nieuwe inzichten. Sterk filosofische inslag.

- Van hieraf mag je gaan
  Peter Adriaenssens

  Deze Vlaamse kinderpsychiater deelt gul zijn kennis over tieners opvoeden en steekt en passant ouders een hart onder de riem. Bijvoorbeeld in het hoofdstuk 'Ouders van tieners: een verwaarloosd beroep!' Zijn uitspraak 'Wie probeert te begrijpen, keurt daarom nog niet goed' heeft me enorm geholpen om de kritiek van buiten te pareren als 'men' vond dat ik 'gewoon strenger moest zijn'.

- De zorgval
  Andries Baart en Christa Carbo

  Niet echt een boek voor ouders, meer voor zorgprofessionals. Toch hielp het me ook als ouder. Baarts gloedvolle pleidooi om de kwetsbaarheid van mensen te erkennen en zijn kritiek op de enorme nadruk die er tegenwoordig ligt op eigen kracht in zorg- en welzijnsbeleid, zijn balsem voor mijn ziel. Andries Baart is bovendien hartstochtelijk pleitbezorger van de presentietheorie, een benadering die de moeite van het bestuderen waard is bij de zorg voor mensen met autisme (en hun ouders!).

- Gamen en autisme
  Herm Kisjes en Erno Mijland

  Superpraktisch boek voor ouders en begeleiders die zich zorgen maken over de obsessie van veel jongeren voor gamen. Zie ook www.betergamen.nl

- Multiple Complex Developmental Disorder
  Rutger Jan van der Gaag (red.)
  *Het hoofdstuk dat de 'BOB-methode' beschrijft, Baas over Bang/Boos/
  Bedenksels, gaf een prettig houvast om de verstoorde emotieregulatie
  van mijn meisje wat beter te begrijpen. Wetenschappelijk verantwoord
  boek, daarmee niet altijd even toegankelijk.*

- Geweldloos verzet in gezinnen
  Haim Omer
  *Ook al weet je dat bozigheid, gedreig en intimidatie het gevolg is van
  onderliggende problematiek, dan nog kun je samen in een patroon
  verstrikt raken waar je nauwelijks uitkomt. De methode van geweldloos verzet is in theorie prachtig, maar de praktijk vaak weerbarstig.
  Toch heb ik een hoop inspiratie opgedaan, al is het alleen al om zicht te
  krijgen op (de)escalatieprocessen, op hoe je 'onnodige confrontaties' ver-
  mijdt of 'uitgesteld reageert'. Om over na te denken (liefst als je er niet
  middenin zit).*

- Autisme vanuit een ontwikkelingsperspectief
  Martine Delfos en Norbert Groot
  *Biedt handvatten om in zowel opvoeding en behandeling als bij bege-
  leiding op school aan te sluiten bij de mentale ontwikkelingsleeftijd van
  kinderen, die anders kan zijn dan de kalenderleeftijd.*

Online

- Besloten Facebookgroepen
  *In 2011 maakte ik een besloten Facebookgroep aan voor ouders die had-
  den deelgenomen aan de landelijke Verwendag voor ouders van een
  kind met autisme, zodat ze konden napraten met elkaar. Al snel kwam
  het verzoek of er ook een aparte groep mocht komen voor ouders van kinderen met MCDD, dus die kwam er. En toen voor pubers, (jong)volwas-
  senen, voor meisjes, voor Vlaamse ouders, voor partners-van. Inmiddels
  zijn er duizenden ouders die in de verschillende groepen intensief hun*

kennis en ervaring uitwisselen. Wees van harte welkom als je daar ook behoefte aan hebt. Vrijwilligers doen het dagelijkse beheer en bewaken de groepsregels. Let op, de groepen zijn specifiek voor ouders-van.

Ouders van een kind met autisme
Ouders van een kind met mcdd
Ouders van meisjes met autisme
Ouders van pubers met autisme
Ouders van (jong)volwassen kinderen met autisme
Oppasgroep voor ouders van kinderen met autisme

- Per Saldo
  Heel veel informatie over ins en outs van het pgb. Als je lid wordt, krijg je bovendien toegang tot handige lijstjes en documenten en kun je een beroep doen op juridische ondersteuning indien nodig.
  www.pgb.nl

- Wegwijze autisme
  Een website die het aanbod aan organisaties, producten en diensten op het gebied van autisme verzamelt. Gebruikers kunnen zelf items toevoegen en reviews schrijven.
  www.wegwijzer-autisme.nl

- Vanuit Autisme Bekeken
  Zet zich in voor een inclusieve samenleving. Deelt themagewijs veel informatie over hoe autisme van invloed is op bijvoorbeeld wonen, onderwijs, werk, relaties enzovoorts.
  www.vanuitautismebekeken.nl

- Blog
  Wees natuurlijk welkom op mijn eigen blog; www.uitlegmoeder.nl (dat is samengevoegd met www.ijskastmoeder.nl).

AUTISME IN VOGELVLUCHT

Als ik vertel dat mijn dochter autisme heeft, komt vrijwel altijd de vraag waaraan je dat merkt, en of ik kan uitleggen wat autisme nou eigenlijk precies is. Negen van de tien keer sta ik dan met mijn mond vol tanden. Er zijn zoveel boeken geschreven over autisme, hoe vang ik dat complexe beeld in een paar woorden zonder mijn dochter tekort te doen? Het ziet er bovendien bij duizend kinderen duizend keer anders uit. Omdat autisme zich op zoveel verschillende manieren uit, is het soms lastig te herkennen. Met een goede intelligentie kun je bovendien veel compenseren en camoufleren, zodat het aan de buitenkant minder zichtbaar is. Dat maakt het autistisch denken echter niet minder. Grofweg zijn er wel centrale thema's te ontwarren. Ik waag een poging en leun daarbij sterk op het voorlichtingswerk van Autisme Centraal en Vanuit Autisme Bekeken.

Handicap

Autisme grijpt fundamenteel in op het leven van een persoon, hoe subtiel de stoornis ook aanwezig is. Daarom wordt autisme omschreven als een handicap. Maar let op, een handicap is altijd een sociaal gegeven: het heeft te maken met wat de maatschappij verwacht van het functioneren van een mens in de samenleving. Mensen met autisme denken anders, daarom begrijpen zij de wereld om zich heen anders, en daardoor reageren zij anders. Dit maakt autisme tot een handicap in onze samenleving. De samenleving waardeert vaardigheden zoals flexibiliteit, invoelingsvermogen en sociale kennis, terwijl die bij iemand met autisme nou juist vaak minder goed ontwikkeld zijn. Voor mensen met autisme zit onze maatschappij daarom vol hindernissen. Door autisme te benoemen als handicap, wordt de samenleving erop gewezen dat mensen met autisme recht hebben op extra ondersteuning en aanpassingen, zodat ook zij redelijke kansen krijgen.

Autistisch spectrum

Met autisme bedoel ik alle stoornissen in het autistisch spectrum. Er wordt ook wel gesproken over pervasieve ontwikkelingsstoornissen, waarmee bedoeld wordt dat de stoornis de hele ontwikkeling beïnvloedt en doorwerkt op alle levensgebieden en in alle levensfasen. Een veelgebruikte onderverdeling is: klassiek autisme, aspergersyndroom, PDD-NOS en MCDD. Bij de diagnostiek worden de criteria gebruikt zoals beschreven in het classificatiesysteem DSM-V (*Diagnostic and Statistical Manual of Mental Disorders, 5th Edition*). De DSM-V maakt geen onderscheid (meer) tussen 'soorten' autisme, maar spreekt over licht, matig en ernstig beperkend. Autisme komt voor op alle niveaus van verstandelijk functioneren.

Kenmerken

Mensen met autisme zien slecht samenhang. Ze nemen de wereld gefragmenteerder waar, ze lijden – zo zeggen de wetenschappers – aan contextblindheid. Dat is lastig, want context helpt je om zaken snel te herkennen, het helpt je om de aandacht te richten, het maakt de wereld voorspelbaar en helpt om de juiste betekenis te vinden wanneer die niet meteen duidelijk is. Als je niet in staat bent om het geheel te zien, kom je tot een andere betekenisverlening. Als je daar bovendien extra je best voor moet doen, kost dat veel energie.

Veelvoorkomende problemen zijn: problemen met sociale contacten (de regels zijn contextafhankelijk, beperkte sociale intuïtie), het begrijpen van communicatie (dingen letterlijk opvatten die figuurlijk bedoeld zijn, geen lichaamstaal lezen), moeite hebben met verbeelding (dus ook geen rekening houden met de innerlijke beleving van de ander) en inflexibiliteit in denken en handelen (moeite met plannen en organiseren en daarin niet bijsturen). Daarnaast blijken veel mensen met autisme hypergevoelig, of juist ondergevoelig, voor bepaalde zintuiglijke prikkels, die hen daardoor hevig storen of afleiden. De moeite die het kost om zich aan te passen aan nieuwe situaties, levert veel stress op. Sommigen zijn niet in staat de grote hoeveelheid prikkels die dagelijks binnenkomt, te filteren. Zij reageren op een overdaad aan prikkels door zich terug te trekken, door controle te zoeken of met boosheid. Met vaste dagelijkse gewoontes proberen mensen met autisme hun wereld beheersbaar te maken, dat biedt hen houvast. Die structuur is vooral belangrijk in tijden van stress en kan weer wat losser als het minder hard nodig is.

Autisme uit zich bij ieder mens weer anders. Het autisme is niet allesbepalend, ook het karakter en de omgeving spelen een rol. De een mijdt contact, de ander is juist ontremd of opdringerig. Sommige mensen met autisme praten niet of nauwelijks, andere juist onophoudelijk. Vaak zie je bovendien een vertraagde ontwikkeling op het ene gebied, terwijl men op een ander gebied mijlenver voorloopt op leeftijdgenoten. Aansluiten bij de leeftijd van het gedrag geeft houvast en stimuleert groei. Tegelijkertijd zorgt dat wisselende beeld in de buitenwereld voor veel verwarring. Autisme is complex. Denk niet te snel dat je het wel snapt en blijf nieuwsgierig.

Wat helpt

Je helpt mensen met autisme door zo helder mogelijk te communiceren: zeg wat je bedoelt en doe wat je zegt! Gebruik niet te veel woorden, vermijd abstracte begrippen en figuurlijk taalgebruik. Zeg wat je bedoelt en controleer of het is overgekomen. Geef ondersteuning en duidelijkheid als het op organiseren aankomt, zet eventueel visuele hulpmiddelen in.

Er zijn talloze boeken, hulpmiddelen en methodes, maar of die helpen valt of staat met wie ze gebruikt en hoe ze worden ingezet. Het begint met een open en nieuwsgierige houding. Dat klinkt gemakkelijker dan het in de praktijk is. Je kunt jezelf oefenen door – zonder oordeel – je steeds af te vragen 'Waarom doet hij/zij dat?' en als een detective te onderzoeken wat de bedoeling is. Onderzoek daarbij ook je eigen gewoontes en overtuigingen, ga er niet van uit dat hoe jij denkt en handelt de norm is of zou moeten zijn.

Ten slotte misschien wel het belangrijkste punt: moeilijk gedrag is meestal de uiting van stress, verwarring en frustratie. Door hun handicap zijn mensen met autisme egocentrisch. Reken het ze niet aan en vat het niet persoonlijk op. Maak ruimte en kom de ander tegemoet.

OVER DE AUTEUR

Via de omweg van documentair televisieproducent, internetpionier en kunstenaarscoach vond Janneke van Bockel haar bestemming als ouderschapsdeskundige. Tijdens haar bijscholing tot ouderschapscoach is zij gaan schrijven over ouderschap om zo de theorie toegankelijk te maken voor een groter publiek. De rode draad in haar werk is, naast pionieren, het scheppen van de voorwaarden zodat anderen (nu zijn dat de ouders) hun werk goed kunnen doen.

Vanuit haar bedrijf MetaMama coacht, schrijft, spreekt en denkt ze over het ouderperspectief. Ze is initiatiefnemer van de landelijke Verwendag voor ouders van een kind met autisme met de bijbehorende Facebookgroepen en studiedagen, verzon de Meeleefkaartjes voor ouders en was directeur van Stichting Ovaal met Autismecafés voor en door ouders in heel Nederland.

Met *IJskastmoeder* (2009) geeft zij een openhartig inkijkje bij haar zoektocht naar houvast als ze hoort dat haar dochter autisme heeft. Met vallen en opstaan leert ze hoe ze haar dochter daarin kan begeleiden en wat dat van de andere gezinsleden vraagt. Met haar boek breekt zij een lans voor ouders van kinderen met autisme. In *Uitvindboek voor ouders* (2014) geeft ze inzicht in de psychologie van 'gewoon ouderschap' en maakt korte metten met roze opvoedwolken. In *Uitlegmoeder* (2016) toont ze hoe ouders het gedrag van hun kinderen ondertitelen voor de buitenwereld (en andersom) en zich verhouden tot allerhande deskundigen die je er gratis bij krijgt als je kind niet volgens de boekjes opgroeit. In 2017 maakte ze *Tussen Jou en Mij*, een schrijf- en doeboek voor ouders en kinderen.

www.ijskastmoeder.nl
www.meeleefkaartjes.nl
www.metamama.nl

www.ingramcontent.com/pod-product-compliance
Lightning Source LLC
LaVergne TN
LVHW051520170726
843492LV00006B/1591